Volkswirtschaftliche und wirtschaftsgeschichtliche Abhandlungen

herausgegeben von

Wilhelm Stieda

o. ö. Professor der Nationalökonomie in Leipzig

III. Folge Heft 3

Die Entwickelung der Gärtnerei

Unter besonderer Berücksichtigung der Verhältnisse in Dresden

Von

Dr. phil. Kurt Hofmann

Leipzig
Verlag von Veit & Comp.
1913

Volkswirtschaftliche und wirtschaftsgeschichtliche Abhandlungen

herausgegeben von

Wilhelm Stieda

o. ö. Professor der Nationalökonomie in Leipzig

III. Folge Heft 3

Die Entwickelung der Gärtnerei

Unter besonderer Berücksichtigung der Verhältnisse in Dresden

Von

Dr. phil. Kurt Hofmann

Leipzig
Verlag von Veit & Comp.
1913

Druck von Metzger & Wittig in Leipzig.

MEINER LIEBEN MUTTER.

Vorwort.

Vorliegende Abhandlung ist aus dem volkswirtschaftlichen Seminar der Universität Leipzig hervorgegangen. Persönliche Beziehungen zur Gärtnerei, sowie Kenntnis der Verhältnisse aus eigener Anschauung gaben die Anregung dazu.

Ein geschichtlicher Abschnitt behandelt die Entwicklung der Gärtnerei von den ersten Anfängen bis zur Gegenwart, während von den einzelnen Zweigen des Gartenbaues nur die Gemüse- und Blumengärtnerei näher untersucht worden sind. Die Landschafts-, Baumschulen- und Samenbaugärtnerei bleiben einer weiteren Abhandlung vorbehalten.

Bei der Abfassung dieser Arbeit bin ich von fachkundiger Seite bereitwilligst unterstützt worden. Zu besonderem Danke fühle ich mich daher Herrn Rechtsanwalt Dr. jur. W. Berthold in Großenhain verpflichtet, der mir in liebenswürdiger Weise reiches Material zur Verfügung stellte, ferner meinem Bruder, Herrn Gärtnereibesitzer Paul Hofmann in Dresden, Herrn Königlichen Garteninspektor Löbner in Dresden und Herrn Gärtnereibesitzer T. J. Rud. Seidel in Grüngräbchen für wichtige Aufklärungen aus der Gartenpraxis. Nicht minder herzlichen Dank schulde ich meinem hochverehrten Lehrer, Herrn Geh. Hofrat Prof. Dr. Stieda, der mir immer in wohlwollender Weise fördernd zur Seite stand.

Dresden, Dezember 1912.

Der Verfasser.

Inhalt.

Seite

Erster Teil: Die geschichtliche Entwickelung von den ersten Anfängen der Berufsgärtnerei bis zur Gegenwart 1

1. Der Obst- und Gemüsebau 1
2. Die Entstehung der sogenannten „Kunst- und Handelsgärtnerei“ 22

Zweiter Teil: Die allgemeinen Bedingungen für die moderne Entwickelung der Gärtnerei 29

1. Der Einfluß des Verkehrs 29
2. Die Zunahme der Bevölkerung 34
3. Die Steigerung des Bodenpreises 38

Dritter Teil: Die einzelnen Zweige der Gärtnerei 42

1. Die Gemüsegärtnerei 43
2. Die Blumengärtnerei 58

Vierter Teil: Die gärtnerische Interessenvertretung 80

Anlagen: Tafeln 1—30.

Literatur.

O. Albrecht, Die sozialen Rechtsverhältnisse der gewerblichen Gärtner in Deutschland. Berlin 1901.

Derselbe, Die soziale Frage im Gärtnerberufe. Berlin 1901.

Derselbe, Gartenbaukammern. Berlin 1902.

Derselbe, Zur Frage einer öffentlich-rechtlichen Interessenvertretung für das Gärtnergewerbe. Berlin 1903.

Derselbe, Das Verhältnis der Gärtner zum Gewerberecht. München 1904.

Backhaus, Die Arbeitsteilung der Landwirtschaft. Jahrbücher für Nationalökonomie und Statistik, III. Folge, Bd. 8. 1894.

Brennwald, Das Lehrlingswesen der Jetztzeit in bezug auf die deutsche Gärtnerei. Berlin 1881.

Karl Bücher, Die Bevölkerung von Frankfurt a. M. Tübingen 1886.

O. Dietrich, Die Erdbrände und die Treibgärtnerei in Planitz. Jahresbericht des Vereins Naturkunde. Zwickau 1873. Neudruck 1897, S. 1—11.

H. Ermisch und R. Wuttke, Haushaltung in Vorwerken. Ein landwirtschaftliches Lehrbuch aus der Zeit des Kurfürsten August von Sachsen. Leipzig 1910.

J. Falke, Die Geschichte des Kurfürsten August von Sachsen in volkswirtschaftlicher Beziehung. Leipzig 1868.

O. Fecht, Die Gewerbe der Stadt Zürich im Mittelalter. Diss. Freiburg 1909.

H. Gebauer, Die Volkswirtschaft im Königreich Sachsen. Dresden 1893.

von der Goltz, Art. Ackerbausysteme. Handwörterbuch der Staatswissenschaft, Bd. 1.

A. Haupt, Die Bamberger Gärtnerei, ein Teil der freien Wirtschaft. Bamberg 1866.

H. Haupt, Die Erfurter Kunst- und Handelsgärtnerei. Jena 1908.

J. Höhler, Die Anfänge des Handwerks in Lübeck. Diss. Tübingen 1903.

H. Jäger, Gartenbau und Kleinkultur in Viebahn: Statistik des Zollverein Deutschlands. Berlin 1862. Bd. II, S. 704ff.

J. G. Krünitz, Ökonomisch-technologische Encyklopädie sub voce Garten. Bd. 16, S. 147—375. Berlin 1787.

D. Lauenstein, Der deutsche Garten des Mittelalters bis um das Jahr 1400. Diss. Göttingen 1900.

H. Levy, Entstehung und Rückgang des landwirtschaftlichen Großbetriebes in England. Berlin 1904.

Njemetzki, Die Industrialisierung der Landwirtschaft. Berlin 1901.

H. Pilz, 60 Jahre Gartenbau in Leipzig. Leipziger Tageblatt 1903, Nr. 568.

H. Pudor, Gärtnereigenossenschaften. Deutsche landwirtschaftliche Genossenschafts-Presse 1900.

A. Pflug, Der deutsche Gartenbau und der Kampf um Schutzzoll für denselben. Zeitschrift für die gesamte Staatswissenschaft 1892. S. 569ff.

Ratsarchiv der Stadt Dresden.

Ch. Reichardt, Land- und Gartenschatz. Erfurt 1753.

Rothenacker, Die Gärtnerei in Karlsruhe. Schriften des Vereins f. Sozialpol. Leipzig 1897, Bd. 69.

Th. Rümpler, Erfurts Land- und Gartenbau in seinen wichtigsten Entwickelungsmomenten. Erfurt 1865.

M. v. Schulz und F. Behrens, Die Rechtsverhältnisse im Gärtnergewerbe. Schriften der Gesellschaft für soziale Reform, Heft 6. Jena 1902.

M. Stalmann, Beiträge zur Geschichte der Gewerbe in Braunschweig bis zum Ende des 14. Jahrhunderts. Diss. Freiburg 1907.
H. Stöhr, Sachsens Obstbau in vier Jahrhunderten. Dresden 1905.
W. Tuckermann, Die Gewerbe der Stadt Hildesheim bis zur Mitte des 15. Jahrhunderts. Diss. Tübingen 1906.
K. W. Volz, Beiträge zur Kulturgeschichte. Der Einfluß des Menschen auf die Verbreitung der Haustiere und Kulturpflanzen. Leipzig 1852.
C. Wehrmann, Die älteren Lübeckischen Zunftrollen.
Wiedfeldt, Statistische Studien zur Entwickelung der Berliner Industrie 1720 bis 1890. Leipzig 1898. S. 408ff. in Staats- und Sozialwissenschaftliche Forschungen, herausgegeben von Gustav Schmoller, 16. Bd., 2. Heft.
Franz Winter, Die Cistercienser des nordöstlichen Deutschlands. Gotha 1868.
Zürn, Die Gärtnerei: im Handbuch der Wirtschaftskunde Deutschlands 1902. Bd. 2, S. 108—126.
Derselbe, Der Obst- und Gemüsebau, in Settegast-Falke: Die Lehre von der Landwirtschaft. Leipzig 1904.
Derselbe, Der Feldgemüsebau als landwirtschaftliches Nebengewerbe. Berlin 1896.

Neben diesen speziellen Schriften fanden noch die allgemeinen Lehr- und Handbücher Verwendung, sowie zahlreiche Werke, die aus den Anmerkungen ersichtlich sind.

Sehr wichtig waren auch die Fachzeitschriften; es seien hier genannt:

Der Handelsgärtner, Handelszeitung für den deutschen Gartenbau, Jahrgang 1898ff.
Handelsblatt für den deutschen Gartenbau, Jahrgang 1898ff.
Möllers deutsche Gärtnerzeitung. Jahrgang 1886ff.
Deutsche Gärtnerzeitung mit Arbeitsmarkt, Jahrgang 1903ff.
Praktischer Ratgeber für Obst- und Gartenbau u. a.

Ferner waren von Belang:

Die Berichte mehrerer Handelskammern, Gartenbauvereine, Gartenbauschulen, sowie die Kataloge zahlreicher namhafter Firmen. Einen großen Teil des Stoffes schöpfte der Verfasser auch aus persönlichen Beobachtungen und Erkundigungen.

Erster Teil.

Die geschichtliche Entwickelung von den ersten Anfängen der Berufsgärtnerei bis zur Gegenwart.

1. Der Obst- und Gemüsebau.

Die deutsche Gärtnerei erfreut sich in der Öffentlichkeit und in der Tagespresse nicht jenes regen und andauernden Interesses wie ihre ältere, robustere Schwester, die Landwirtschaft, deren Leiden und Freuden weit aufmerksamer von der Allgemeinheit verfolgt und gewürdigt werden. Der Gärtnerei widmet man, abgesehen von ihrer Fachpresse, nur bei besonderen Gelegenheiten größere Aufmerksamkeit, und verhältnismäßig wenige sind es, die sich ein klares Bild von der hohen Bedeutung machen, die die Gärtnerei im Laufe ihrer geschichtlichen Entwickelung für die Volkswirtschaft gehabt hat.

Die Literatur über dieses Gebiet unseres Wirtschaftslebens ist sehr spärlich. Von größeren Werken, die den Gartenbau der älteren Zeit zum Gegenstande der Darstellung machen, ist hervorzuheben Johann Colers „Oeconomia ruralis et domestica“[1], die 1596 erschien und im 17. Jahrhundert mehrere Auflagen erlebt hat. Sie enthält den Gartenbau im sechsten Buch, „so inscribiret ist Hortorum cultura“, berücksichtigt aber nur die technische Seite desselben. Sie handelt „von Bäume pfropffen, von ihren Früchten, Schäden und Unheil. Item von Kräutern, Blumen und allerlei Küchen-Speise. Wenn man die ausssäen, pflantzen, versetzen und abnehmen soll.“ In ähnlicher Weise führen uns die später (18. Jahrhdt.) erscheinenden Werke von Christian Reichardt in seinem „Land- und Gartenschatz“[2] und J. G. Krünitz in seiner „Oekonomisch-technologischen Encyklopädie“[3] in die Technik des Gartenbaues ein. Sie geben uns wohl gute Ratschläge und Anleitungen, wie Küchen- und Krätzgärten am besten anzulegen und einzurichten seien, aber über wirtschaftliche Verhältnisse erhalten wir darin keine Auskunft. Von Werken neueren Datums führe ich hier nur noch an das ebenso interessante wie lehr-

---

[1] Johann Coler, Oeconomia ruralis et domestica. Mainz 1645, VI. Buch, S. 184—253.

[2] Christian Reichardt, Land- und Gartenschatz. Erfurt 1753, IV. Teil, S. 1—248.

[3] J. G. Krünitz, Ökonomisch-technologische Encyklopädie. Berlin 1787, unter „Garten“, Bd. 16, S. 283ff.

reiche Buch „Haushaltung in Vorwerken“[1] von H. Ermisch und R. Wuttke, in dem die Verfasser eingehend die Bestimmungen wiedergeben, die der Kurfürst August in Sachsen zur Hebung des Obst- und Gartenbaues erlassen hat. Das Werk schildert den Betrieb der Landwirtschaft auf einer größeren kurfürstlichen Domäne. Wir erhalten hier zum ersten Male einen Einblick, wie auf einem größeren Gute Mitteldeutschlands die Ackerbestellung und Viehzucht, die Gärtnerei und die Forstwirtschaft, die Fischerei und die Jagd betrieben wurden. Das ganze Bild der Bewirtschaftung in allen seinen einzelnen Zügen wird uns vorgeführt. Die Gärtnerei, die auch den Obstbau umfaßt, ist im V. Abschnitt S. 97—139 eingehend behandelt. Der Obstbau bildet allerdings den Hauptgegenstand der Darstellung. Es werden darin ausführliche Vorschriften erlassen, wie die Obstkultur zu fördern sei.

Es soll nun im folgenden versucht werden, den Einwirkungen der deutschen Gärtnerei auf das wirtschaftliche Leben unseres Volkes nachzuspüren.

In der ältesten Zeit haben die Erzeugnisse des Gartenbaues nur den eigenen Bedarf zu decken. Von Beziehungen zur Volkswirtschaft kann naturgemäß in jener Periode noch nicht die Rede sein.

Einen geregelten Gartenbau führten im 8. und 9. Jahrhundert in Deutschland Benediktinermönche[2] ein, die aus Italien Kulturpflanzen aller Art mitbrachten. Sie hielten sich auch an den kaiserlichen Pfalzen Karls des Großen auf, der ein großes Interesse für den Gartenbau bekundete und außerordentlich viel zu seiner Hebung und Förderung getan hat. In seinem Capitulare de villis aus dem Jahre 812 (Pertz, Mon. Germ. tom III p. 186ff.) finden sich genaue Vorschriften, welche Pflanzen in die kaiserlichen Hofgärten eingeführt werden sollten. Nach den Augsburger Statuten vom Jahre 1276 wurden darin Salbei, Raute, Yffen (?) und Polei angebaut[3]. Hauptsächlich pflanzte man aber in dieser Zeit Kraut und Rüben an, woraus das bekannte Sprichwort entstand, das namentlich in Schwaben gebräuchlich ist[3].

Nach Karl dem Großen wurde die Gartenkultur in den Klöstern eifrig weiter betrieben. Die Klöster unterhielten gewöhnlich drei Arten von Gärten, nämlich Obst-, Gemüse- und Arzneikräutergärten. Vor allem waren es die Cistercienser-Mönche[4], die in Deutschland bahnbrechend für den Gartenbau gewirkt haben. Überall, wo sie sich niederließen, so namentlich in den nördlichen und östlichen Teilen Deutschlands im 12. Jahrhundert, pflegten sie fleißig Gartenkultur und sorgten für die Verbreitung ihrer Produkte. Selbst südländische

---

[1] H. Ermisch und R. Wuttke, Haushaltung in Vorwerken. Leipzig 1910, Abschnitt V, Gärtnerei, S. 97—139.

[2] D. Lauenstein, Der deutsche Garten des Mittelalters. Diss. Göttingen 1900. S. 6.

[3] K. W. Volz, Beiträge zur Kulturgeschichte, Der Einfluß des Menschen auf die Verbreitung der Haustiere und Kulturpflanzen. Leipzig 1852, S. 479.

[4] Franz Winter, Die Cistercienser des nordöstlichen Deutschlands. Gotha 1868; ferner: D. Lauenstein, Der deutsche Garten im Mittelalter. Diss. Göttingen 1900.

Obstsorten verpflanzten sie nach Deutschland. So ist z. B. der noch bis vor hundert Jahren bei Leipzig in großen Mengen angebaute und geschätzte Borsdorfer Apfel ein Produkt der Cistercienser von Pforte, deren Kloster an der kleinen Saale gelegen war. Auf dem für Obst- und Weinpflanzungen besonders geeigneten Ackerhofe zu Borsendorf an der Saale gediehen diese mit südländischen Reisern gezogenen Obstbäume ganz vorzüglich[1]. Sie erlangten, wie wir später noch sehen werden, eine weit über ihre Anbaugegenden hinausgehende Bedeutung. Die Klöster übten naturgemäß einen großen Einfluß auf die Bauern aus, die die Pflege des Obst- und Gemüsebaues von ihnen übernahmen.

Anfangs waren die Gärten nicht eingefriedigt, wenigstens eine Verpflichtung dazu scheint nicht bestanden zu haben[2]. Erst später wurde infolge des dadurch entstandenen Schadens das Anlegen von Zäunen zur Pflicht gemacht. So wird z. B. in einem Weistume von 1500 vorgeschrieben, daß der Zaun 6 Fuß hoch sein solle[3]. Übrigens verstand man ursprünglich unter dem Wort Garten jeden eingezäunten Platz[4].

Eine gewaltige Veränderung in der Entwickelung des Gartenbaues trat in der Zeit ein, als die Städte begannen, emporzublühen. Erst von jetzt an kann man eigentlich von Gärtnerei sprechen, jener von einzelnen, ausschließlich zum Zwecke des Erwerbes, planmäßig ausgeübten Tätigkeit, die sich mit der Anzucht von Gemüsen und anderen Pflanzen befaßt. Man kann die Städte geradezu als die Geburtsstätten der Gärtnerei bezeichnen. Freilich hatte anfangs jeder Bürger noch sein Gärtchen vor oder hinter dem Hause. Später, als der Platz nicht mehr ausreichte, für jeden einen Garten einzurichten, waren die Bürger gezwungen, sich außerhalb der Stadtmauern Gärten anzulegen, wo sie ihre Vorräte für Küche und Keller selbst beschafften[5]. Jedoch ging das nur solange, als die Gärten nicht zu weit von der Stadt entfernt lagen, so daß jeder bequem seinen Bedarf an Gemüse und Blumen selbst decken konnte. Solche Gärten werden vielfach als Küchen- oder Krätzgärten bezeichnet.

Von dem Zustande solcher Gärten im 16. Jahrhundert berichtet Kolers Kalendarium, das gegen Ende des 16. Jahrhunderts erschien. Man pflanzte damals: Kohl, märkische Rüben, rote Rüben, Mohrrüben, Rettiche, Meerrettiche, Kresse, Gurken, Kürbisse, Erdäpfel, Petersilie, Erbsen, Knoblauch, Lauch, Zipollen, Tabak, Wirsing, Kopf- und Blumenkohl und Winterendivien[6]. Daneben wurden natürlich auch Blumen gepflegt. Der Blumengarten der damaligen Zeit (16. Jahrhundert) bestand aus: Violen (blauen, weißen und gelben), Anemonen, Hyazinthen, Rosen, Skabiosen, Rosmarin, Salbei,

[1] F. Winter, S. 119.
[2] D. Lauenstein, S. 20.
[3] Derselbe, S. 21.
[4] K. W. Volz, S. 156.
[5] D. Lauenstein, S. 41.
[6] K. W. Volz, S. 479.

Lilien, Nelken, Lavendel, Thymian, Paeonien, Mohn, Tulipanen, Lack usw.[1]

Als sich die Städte infolge der Zunahme der Bevölkerung im 14. und 15. Jahrhundert und durch den sich damit immer stärker entwickelnden Handel und Verkehr weiter ausdehnten, war nicht mehr jeder Bürger imstande, einen Garten zu besitzen. Die Folge davon war, daß diejenigen Bürger, die keinen Garten zu eigen hatten, gezwungen waren, ihren häuslichen Bedarf an gärtnerischen Produkten von ihren Mitbürgern zu beziehen, die einen Garten besaßen. Naturgemäß konnte dieses Geschäft, neben den eigenen noch die Bedürfnisse anderer zu befriedigen, nur von solchen Bürgern ausgeübt werden, die über einen großen Garten verfügten. Für sie bildete dieses Geschäft anfangs nur eine angenehme Nebeneinnahme, die sich aber allmählich so steigerte, daß davon sehr gut eine Familie ihren Lebensunterhalt bestreiten konnte. Hatte man die gärtnerischen Arbeiten bisher neben dem Hauptberufe ausführen können, so war das bei Bebauung größerer Flächen mit Gartenerzeugnissen, die ja eine sorgfältige, individuelle Behandlung erheischen, nicht mehr möglich. Es mußten sich also von nun an einzelne dauernd und ausschließlich der Ausübung des Gartenbaues widmen. So bildeten sich nach und nach in jeder Stadt die Berufsgärtner aus. Sie betrieben diese Tätigkeit planmäßig zum Zwecke des Erwerbes. Erst von jetzt an kann man von Gärtnerei sprechen.

In einzelnen Gegenden, vor allem in Süddeutschland, schließen sich die Berufsgärtner zu Zünften zusammen, nehmen also die Form des Handwerks an. In Nord- und Ostdeutschland bilden sie mehr ein zunftfreies Gewerbe[2]. Doch kommen auch hier Gärtnerzünfte vor. Die Entwickelung in dieser Hinsicht ist also sehr ungleich vor sich gegangen. Der Meistertitel war fast nur in Süddeutschland gebräuchlich, wo sich allerdings schon frühzeitig in einigen bedeutenden Städten Gärtnerzünfte gebildet hatten. Bereits im Jahre 1268 finden wir in Basel[3] eine Gärtnerzunft, 1336 in Zürich[4], 1351 in Straßburg[5], 1355 in Frankfurt a. M.[6], 1365 in Hildesheim[7] und um 1370 in Lübeck[8].

---

[1] Rössig, Versuch einer pragmatischen Ökonomie etc. Leipzig 1782, II. Bd., S. 11 und 19, zit. bei Volz S. 479.

[2] W. Sombart, Moderner Kapitalismus II., S. 643.

[3] Traugott Geering, Handel und Industrie der Stadt Basel. Zunftwesen und Wirtschaftsgeschichte bis zum Ende des 17. Jahrhunderts. Basel 1886; ferner G. Schönberg, Zur wirtschaftlichen Bedeutung des deutschen Zunftwesens im Mittelalter. Berlin 1868.

[4] O. Fecht, Die Gewerbe der Stadt Zürich im Mittelalter. Diss. Freiburg 1909.

[5] Fr. C. Heitz, Das Zunftwesen in Straßburg. Straßburg 1856; ferner: Schmoller, Straßburg z. Z. der Zunftkämpfe. 1875.

[6] K. Bücher, Die Bevölkerung v. Frankfurt a. M. Tübingen 1886.

[7] Rich. Doebner, Urkundenbuch der Stadt Hildesheim. Hildesheim 1886 bis 1901; ferner: W. Tuckermann, Das Gewerbe der Stadt Hildesheim bis zur Mitte des 15. Jahrhunderts. Diss. Tübingen 1906.

[8] C. Wehrmann, Die älteren Lübeckischen Zunftrollen. S. 207ff.; ferner: J. Höhler, Die Anfänge des Handwerks in Lübeck. Diss. Tübingen 1903.

Dagegen sind in den großen Handelsstädten wie Hamburg[1], Köln[2], Breslau[3], ferner in Braunschweig[4], Münster[5], Lüneburg[6] und Riga[7] keine Zünfte nachweisbar.

Nach den uns überlieferten Zunfturkunden und anderen zugänglichen Quellen ist über das Gärtnerzunftwesen folgendes zu berichten.

Die Basler Gärtnerzunft wurde 1268 von dem Coadjutor Heinrich von Neuenburg gegründet[8]. Ihre Zunftrolle, sowie diejenige der Weber, die aus demselben Jahre stammt, kann sich rühmen, zu den ersten Zunfturkunden in Basel zu gehören, die in deutscher Sprache abgefaßt worden sind. Beide Zünfte nahmen in der Gesellschaft eine weniger geachtete Stellung ein als die früher gegründeten Zünfte der Kürschner, Bauleute, Metzger, Bäcker und Schneider; denn die Kreise der Gärtner und Weber gehörten der niedrigsten Schicht der Bevölkerung an[8]. Die Gärtnerzunft war vorwiegend eine Verkehrszunft, da ihre Mitglieder die Bodenprodukte von Stadt und Land vertrieben[9]. Im Jahre 1429 standen die Gärtner unter den 16 vorhandenen Zünften an 11. Stelle. Die Mitgliederzahl der Zunft betrug damals 159 und das Zunftvermögen belief sich auf 36555 fl., eine für damalige Zeit bedeutende Summe, die aber trotzdem noch weit hinter dem Vermögen anderer Zünfte zurückstand. Die Gärtnerzunft kam ihrem Vermögen nach an 9. Stelle. Die angesehenste und reichste Baseler Zunft der „Hohen Stube" der Grautücher hatte ein Vermögen von 364850 fl. aufzuweisen[10]. Den Baseler Gärtnern wird nachgesagt, daß sie vielfach doppelzünftig gewesen seien[11]. Zünftige Frauen soll es gleichfalls sehr viel gegeben haben, da die Betätigung der Frauen sich häufig auf das körperlich wenig anstrengende Feilbieten des fertigen Produktes beschränkte[12]. Auf persönliche Unbescholtenheit wurde in Basel vor der Reformation nicht gehalten. Unsittlichkeit bildete durchaus kein Hindernis der Zünftigkeit. Erst seit der Reformation mußte ein schriftliches Leumundszeugnis vorgewiesen werden; es hieß „der Abscheid". Die Personalprüfung des späteren Mittelalters bezieht sich wesentlich auf gewerbliche Un-

---

[1] O. Rüdiger, Die ältesten Hamburger Zunftrollen. Hamburg 1875.

[2] v. Loesch, Kölner Zunfturkunden. Köln 1908.

[3] F. Eulenburg, Drei Jahrhunderte städtischen Gewerbewesens. Zur Gewerbestatistik Alt-Breslaus 1470—1790. Vierteljahresschrift für Social- und Wirtschaftsgeschichte, II. Bd., S. 258ff.

[4] M. Stalmann, Beiträge zur Geschichte der Gewerbe in Braunschweig bis zum Ende des 14. Jahrhunderts. Diss. Freiburg 1907, S. 4ff.

[5] R. Krumbholtz, Die Gewerbe der Stadt Münster bis zum Jahre 1661. Leipzig 1898.

[6] E. Bodemann, Die ält. Zunfturkunden der Stadt Lüneburg. Hannover 1883.

[7] W. Stieda und C. Mettig, Schragen der Gilden und Ämter der Stadt Riga bis 1621. Riga 1896.

[8] T. Geering, S. 23.

[9] Derselbe, S. 33.

[10] Derselbe, S. 48.

[11] Derselbe, S. 51.

[12] Derselbe, S. 59.

bescholtenheit. Das irreparabile damnum, die große Sünde, die das Zunftwesen nicht vergeben kann, ist die Veruntreuung, die Betrügerei im Gewerbe, in der Gärtnerurkunde mit „Bosheit“ bezeichnet[1]. Bei Aufnahme in die Zunft hatte der Zunftpetent 16 Schillinge (ca. 15 M.) als Kaufpreis zu zahlen. Die Zunft behielt diesen niedrigen Kaufpreis sehr lange bei. Als nämlich 1441 von seiten des Rates darüber Klage geführt wird, viele Zünfte hätten ihr Kaufgeld so hoch angesetzt, daß niemand mehr in Basel sich niederlassen wolle, wird von den Gärtnern rühmlich hervorgehoben, daß sie nach wie vor den alten Kaufpreis erheben[2]. Mit der Zunft war in Basel auch eine Bruderschaft verbunden. Diese Bruderschaften wurden treffend Seelzünfte genannt, weil gleichsam die Seelen daselbst zünftig waren[3]; wer seelzünftig werden wollte, mußte den vollen Kaufpreis der Zunft zahlen. So war es wenigstens bei den Gärtnern schon seit Gründung ihrer Zunft[4]. Um die Mitte des 15. Jahrhunderts sind auch die flachsverarbeitenden Seiler Mitglieder der Zunft, wie aus einer Urkunde aus dem Jahre 1453 hervorgeht[5]. Weitere bemerkenswerte Mitteilungen über die Zunft sind uns nicht bekannt.

In Zürich treten die Gärtner schon 1318 zum ersten Male als selbständige Gewerbetreibende auf. Für das Jahr 1336 sind 13 Zünfte nachgewiesen, unter denen sich eine Gärtnerzunft befindet, die allerdings zugleich die Ölmacher und Grempler (Obst- und Gemüsehändler) umfaßte[6]. Näheres über die Organisation dieser Zunft ist indessen nicht bekannt[7].

In Straßburg war die Gärtnerzunft die größte; denn sie stellte dem Rate der Stadt für den Kriegsfall 24 Mann (1351) zur Verfügung; das wurde von keiner anderen Zunft geleistet[8]. Die Gärtner, wozu die Gartenmänner und Tagner gehörten, bildeten gleichzeitig die einzige Zunft, die in drei Zunftstuben verteilt war. Jede derselben hatte ein besonderes Zunftgericht. Im 14. Jahrhundert gab es sogar fünf Stuben mit ebenso vielen Gerichten. Das Zunftgericht entschied über alle vorgefallenen Zwistigkeiten. Die Anzahl der Richter schwankte zwischen 8 bis 14. Der Zunftmeister und 15 Schöffen, die sich auf die drei Zunftstuben verteilten, mußten regelmäßig den Verhandlungen beiwohnen[9]. Jede Zunftstube schickte außerdem ihre besonderen Abgeordneten zum Schöffenrate, der sich aus 15 Schöffen zusammensetzte. An der Spitze desselben stand ein gemeinsamer Oberherr und ein Ratsherr. Der letztere präsidierte jede

---

[1] T. Geering, S. 60.
[2] Derselbe, S. 64.
[3] Derselbe, S. 95.
[4] Derselbe, S. 96.
[5] Derselbe, S. 295.
[6] O. Fecht, S. 42.
[7] Derselbe, S. 58.
[8] D. Lauenstein, S. 44; ferner: Schmoller, Straßburg zur Zeit der Zunftkämpfe. S. 38.
[9] Fr. C. Heitz, S. 24.

der drei Abteilungen. Waren indessen Gegenstände zu beraten, die die ganze Zunft angingen, so vereinigten sich alle Mitglieder der drei Zunftstuben[1]. Dem Schöffenrate war die Oberverwaltung seiner Zunft übertragen. Er bestätigte die Meisteraufnahmen, prüfte die verschiedenen Zunftrechnungen u. a., während der Zunftmeister die laufenden Geschäfte der Zunft und die Verwaltung der Zunftgelder leitete, wovon er dem Schöffenrate alljährlich Rechnung abzulegen hatte[2]. Die zwei ersten Zunftstuben der Gärtner hatten je einen Ober- und einen Unterzunftmeister; die letztere nur einen Zunftmeister[3]. Im Jahre 1789 gab es insgesamt 632 Mitglieder der Zunft, die sich wie folgt verteilten:

15	H.H. Schöffen
12	Gelehrte und Leibzünftige Zudiener
294	Gartner
86	Gartenmänner
91	Tagelöhner und übrige Leibzünftige
112	Leibzünftige Witwen und
22	Leibzünftige, so das Almosen von St. Marx genossen.
zus. 632	der Zunft Dienende.[4]

Außerdem befanden sich bei der Zunft noch 138 geldzünftige Bürger, die Äcker, Wiesen und Reben besaßen, die sie selbst bebauten[5]. Innerhalb der Zunft gab es noch von den Mitgliedern eine Anzahl Ämter zu verwalten. Als solche sind anzuführen: 4 Zehendbürgen, 5 Riether und 1 Vikar; 3 Inventarschätzer, 6 Experten zu den Abschätzungen und 2 Vikare; 4 Stiermayer; 5 Bannwahrten; 3 Roßhirten; 2 Kuhhirten und 1 Krauthüter[5]. Die Gärtner selbst waren in drei Gruppen geteilt. Zur ersten gehörten alle diejenigen, die den größten Teil ihres Ackerbaues an andere übergaben und keine Pferde hielten; zur zweiten diejenigen, die Pferde hatten und zur dritten die, welche keine Pferde besaßen[5]. Für den Feuerwehrdienst waren wie in jeder anderen Zunft von Straßburg strenge ausführliche Vorschriften erlassen, die einzeln anzugeben zu weit führen würde[5]. Die Gärtnerzunft hatte das ausschließliche Recht, die Leichenwagen bei den Begräbnissen zu stellen[6]. Zur Zeit der bischöflichen und lothringischen Kriege durften die Gärtner und ihre Knechte nicht anders als bewaffnet sich auf ihre Felder vor den Stadttoren begeben[6]. Bemerkenswert ist noch ein Dekret von 1666, den Zwiebelsamen betreffend. Es verordnete, daß man wegen der „jetzigen sorgsamen Läufften, da man die Garnison zu verstärken, und damit aus den Kriegskassen, durch Zugang ein und anderer Gefälle zu helfen ge-

[1] **Fr. C. Heitz**, S. 74.
[2] **Derselbe**, S. 24.
[3] **Derselbe**, S. 76.
[4] **Derselbe**, S. 75.
[5] **Derselbe**, S. 76.
[6] **Derselbe**, S. 77.

müssigt worden", die bisherigen an die Gärtnerzunft entrichteten Abgaben auf den Zwiebelsamen an die Kriegskasse abtreten soll[1].

In Frankfurt a. M. treten die Gärtner, die 1355 schon als Zunft bestanden haben, 1377 und 1387 aber als solche verschwunden waren, erst wieder 1471 als zünftig auf und werden so bei Bücher noch 1864 aufgezählt[2]. Zu den zehn ratsfähigen Handwerken, die zusammen 15 Ratsmannen stellten, gehörte auch die Gärtnerei, die eine Stimme im Rat vertrat. Die Reihenfolge der zünftlerischen Ratsglieder war genau festgesetzt; die Gärtner nahmen die 7. Stelle ein. Zwischen ihnen und den Kursenern (Kürschner) bestand lange Zeit ein Streit um den Vorrang, der 1441 zugunsten der letzteren entschieden wurde. „Der korssener sal allwege in dem rade uber dem gertener siczen vnd sal allwege in die kore geen"[3]. Nach dem ältesten Handwerkerbuche von 1355 nahmen die Gärtner die 14., nach dem Kataloge vom Ende des 15. Jahrhunderts die 8. und nach der Rangordnung der Handwerkerbank ebenfalls die 8. Stelle ein. Im Jahre 1387, also in der Zeit, in welcher die Gärtner nicht mehr als zünftlerisch organisiert in Frankfurt auftreten, sollen insgesamt nur sieben selbständige Gärtner tätig gewesen sein[4]. Bücher erklärt diese auffallend geringe Zahl der Gärtner damit, daß dem Schreiber des Verzeichnisses von 1387 unnötig dünken mochte, das Gärtnergewerbe besonders zu bezeichnen, weil dasselbe allzu gewöhnlich war und sich überdies von der noch einen breiten Boden behauptenden Beschäftigung mit Acker- und Weinbau nicht deutlich abhob[5]. Für das Jahr 1440 werden 42 selbständig erwerbende Gärtner[6] nachgewiesen, von denen vier noch im Nebenberufe als scheffer, russen, steindecker und reidenmeister tätig sind[7]. Freilich sind die Ziffern hier wohl ebenfalls noch stark hinter der Wirklichkeit zurückgeblieben. Schon allein die Tatsache, daß in der Liste derjenigen, die 1476 am Baue der Bornheimer Landwehr gearbeitet hatten, für den ersten Tag 154 Personen und für den zweiten Tag 114 Personen aus den Gärtnern aufgeführt werden[8], beweist die Ungenauigkeit und Unzuverlässigkeit von zahlenmäßigen Angaben, die in jener Zeit selbst in offiziellen Akten gemacht worden sind. Nach einem Zunftverzeichnis aus dem Jahre 1552 werden nur 53 Mitglieder der Gärtnerzunft angegeben.[9] „Bei diesen widersprechenden Ziffern," bemerkt Bücher mit Recht, „ist indes zu beachten, daß, nach manchen Anzeichen zu schließen, die Gärtner im 14. und 15. Jahrhundert den Kleinbauern sehr nahe gestanden haben, und daß ihr Betrieb ein der eigentlichen Landwirtschaft ähn-

---

[1] Fr. C. Heitz, S. 77.
[2] K. Bücher, Die Bevölkerung von Frankfurt a. M., S. 82.
[3] Frankfurter Bürgermeisterbuch von 1441, zit. bei Bücher, Bevölkerung von Frankfurt a. M. S. 87.
[4] K. Bücher, S. 141.
[5] Derselbe, S. 126.
[6] Derselbe, S. 215.
[7] Derselbe, S. 233ff.
[8] Derselbe, S. 259.
[9] K. Bücher, Bevölkerung von Frankfurt a. M., S. 260.

licher gewesen sein muß."[1] Unter den Gärtnern treten z. B. eine ganze Anzahl als Besitzer von 2—4 Pferden auf[2]. Weitere Mitteilungen über die Frankfurter Gärtnerzunft sind nicht zu machen.

In Mitteldeutschland finden wir in Hildesheim eine Gärtnerzunft. Aus einer Urkunde vom 10. Februar 1365 erfahren wir, daß der Rat den dortigen Gärtnern am Andreaskirchhofe Verkaufsplätze anweist, die man acht Tage nach Ostern durch das Los bestimmte[3]. Zwei Älterleute, die jährlich vom Rate bestellt wurden, erhoben anfangs das für die Verkaufsplätze festgesetzte Standgeld[4], das 6 Pfennige betrug und alle Jahre am Michaelisfeste von ihnen eingezogen wurde[5]. Die Benutzung der Verkaufsstände wurde hauptsächlich aus dem Grunde zur Pflicht gemacht, weil die Gärtner den Geistlichen und dem Volke bei feierlichen Prozessionen den Weg zur Andreaskirche versperrten.[6] In einer Urkunde vom 29. April 1412[7] erneuerte und verschärfte der Rat von Hildesheim die Bestimmungen über die Benutzung der Verkaufsplätze und über die Wahl der Älterleute. Die Verschärfung bestand darin, daß die neugewählten zwei Älterleute einen Eid zu leisten hatten. Sie mußten nämlich „sweren, dat se mit dem marketmestere dat vorwaren willen na witte unde synne, so se best kunnen, dat neymet bynnen unseme gebede nergene mit krude to vorkopende stan sunder bi den benomden bencken". Im Jahre 1494 wurde der Wortlaut der Eidesformel vom Rate genau festgesetzt[8]. Bemerkenswert in der Eidesformel ist die Tatsache, daß auch auswärtige Gärtner (gardener van buthen) berechtigt waren, ihre Erzeugnisse auf dem Markte feilzubieten. Danach scheinen die Hildesheimer Gärtner die auswärtige Konkurrenz nur wenig emp-

---

[1] K. Bücher, Bevölkerung von Frankfurt a. M., S. 260.

[2] Derselbe, S. 289.

[3] Rich. Doebener, Urkundenbuch der Stadt Hildesheim, II. Bd., Urk. No. 211, S. 127: „...fecimus in ipso cimiterio sancti Andree scampna fieri et in ipsis loca dividi et signari, in quibus ortulani infra octavas pasche annis singulis per sortem loca debent accipere et ibidem herbas suas venales habere..."

[4] Ferner: „... dicti etiam duo tollent anno illo censum de locis illis..."

[5] Ferner: „...ortulani ... debent ... dare de quolibet loco sex denarios in festo Michaelis annuatim..."

[6] Ferner: „... per hoc via ibidem artaretur, ita quod, cum sacerdos cum eucharistia pertransiret, populus sequens causa devocionis et indulgencie impediretur ..."

[7] Derselbe, III. Bd., Urkunde No. 549, S. 228.

[8] Derselbe, Bd. VIII, Urkunde No. 297, S. 264—265. Es heißt da in der Ratssitzung vom 30. Oktober 1494: „Anno etc. XCIIII amme donnerdage na Symonis et Jude apostolorum isz de radt eyns worden myt den veerundetwintich mannen, dat de olderlude der gerdener dusse eydt don schullen alle jarlikes veerteyndage na paschen. Eydt der ghardener: Gy schullen in juwen eyd nehmen, dat gy dem rade unde der stad truweliken den tinsz van den gardeneren, dede hiir thor stede sin, na lude juwes breves willen vorderen unde den alle jar unser stad kemer averantworden unde entrichten, unde wert dat hiir tor stede andere gardener van buthen her qwemen, dede gelick juck feygele hedden, dat gy de ok truweliken na lude juwes breves umme sodanen tinsz manen unde vorderen willen unde den geliker mate unser stad kemer averantworden, unde waner duth jar umme isz, dat gy denne veerteyndage na paschen schirst komende willen twe andere in juwe stede kesen, dede wy denne bestedigen mogen."

funden zu haben. Über die genaue Befolgung der Anordnungen des Rates wachte der Marktmeister, dem gerade bei Regelung des Gärtnergewerbes ein bedeutender Einfluß zugesichert war. Er sorgte vor allem dafür, daß die Verkaufsbänke benutzt wurden und daß das Standgeld rechtzeitig abgeführt wurde. Das Standgeld, das ehemals nur 6 Pfennige betrug, belief sich bereits 1449 auf „viff schillinge unde veir penninge“[1]. Näheres über die Organisation der Zunft ist nicht zu erfahren.

In Norddeutschland ist in Lübeck[2] im Jahre 1370 eine Gärtnerzunft anzutreffen. Die noch vorhandene Zunftrolle stammt aus derselben Zeit. Danach wurden die neu aufzunehmenden Meister am Sonntage nach Ostern gewählt. Wer Mitglied der Zunft werden wollte, mußte ein unbescholtener Mann sein, durfte keiner anderen Zunft angehören und war beim Eintritt verpflichtet, zwei Pfund Wachs zu den Lichten zu geben. Am Tage nach der Wahl pflegten die Verkaufsplätze auf dem Markte von neuem ausgelost zu werden. Frauen konnten ebenfalls die Mitgliedschaft der Zunft erwerben. Aber an der Verlosung der Verkaufsplätze durften sich von ihnen nur diejenigen beteiligen, die imstande waren, „van ereme eghenen warmoose (Gemüse) dre daghe in der vekene den Markt zu holden“[3]. Die Gärten müssen nach der Urkunde an der Trave gelegen gewesen sein. Sie waren nicht umzäunt, sondern durch Gräben voneinander getrennt, die ihrerseits durch Röhren in Verbindung standen, auf deren Sauberkeit aufs strengste geachtet wurde; denn es heißt ausdrücklich in der Zunftrolle: „welk man enen garden to hure (mieten) deyt, de scal de pranmgraven (Grenzgraben) vnde de vredegraven (Einfriedigungs- oder Scheidegraben) suveren (säubern) laten, vnde de den garden hured, de scal suveren laten die pipen (Röhren) dat dar nen claghe over en kome“[3]. Man pflanzte in der Hauptsache Kraut, Kohl, Knoblauch, Rüben, Mohrrüben, sogenannte „krickelmoren“, das sind niedrig wachsende Erbsen, ähnlich den noch heute in Mecklenburg unter dem Namen „krickelarften“ bekannten Erbsen. Zwiebelsaat durfte niemand in seinem Garten säen. Gleichzeitig war den Gärtnern streng verboten, „crud (Kraut) to verkopende in vlaghen (geflochtene Körbe) vppe (in) den garden“[3], ausgenommen Kresse und Salbei. Einige Gärtner betrieben Schafzucht nebenher. An Sonn- und Festtagen durften jedoch die Schafe nicht auf die Weide gelassen werden. Fremde Arbeitskräfte wurden auch schon beschäftigt; die männlichen erhielten „des daghes achte penninge vnde de vrowen des daghes veer penninge“[3]. Am Abend vor Weihnachten und vor Ostern durfte niemand mehr Markt halten. Die Marktstände mußten sehr sauber gehalten werden; besonders wurde bei den Frauen darauf geachtet, „dar de vrowen sitten, dar scolen se id reyne

[1] Rich. Doebener, Urkundenbuch der Stadt Hildesheim, III. Bd., Urkunde No. 706, S. 595.
[2] C. Wehrmann, Die älteren Lübeckischen Zunftrollen, S. 207 ff.
[3] Derselbe, S. 208.

holden vnde gheven de weghe, dar se sik van rechte boren (gebühren)“[1]. Weitere Nachrichten über diese Zunft sind nicht bekannt.

Fassen wir nun kurz das Ergebnis der Betrachtung über die Gärtnerzünfte zusammen, so läßt sich folgendes sagen. Zunächst sei darauf hingewiesen, daß bei eingehenden Studium in den Archiven der einzelnen Städte, wo solche Zünfte auftreten, oder aus anderen von mir nicht herangezogenen Quellen sicherlich noch vieles Interessante und Belehrende über diese Organisationen hätte ergänzend erwähnt werden können. Aber es kam uns ja hier weniger darauf an, das vorhandene geschichtliche Material erschöpfend zu behandeln, als vielmehr den Nachweis zu erbringen, daß die Entwickelung der Gärtnerei in den einzelnen Gegenden Deutschlands sehr verschieden vor sich gegangen ist. In der Tat, wohin man auch den Blick wenden mag, ob nach Süden oder Norden oder in die Mitte von Deutschland, überall kann man gleichzeitig zwei Richtungen in der Entwickelung vertreten sehen: eine freie, sich mehr der Landwirtschaft zuwendende und eine gebundene, sich an das Handwerk anschließende Bewegung. Die letztere trägt indessen ebenfalls ganz deutlich landwirtschaftliche Merkmale, so sehr sie auch durch zünftlerische Organisation diesen Charakter abzustreifen versucht. Obwohl die Angaben über das gärtnerische Zunftwesen nur als fragmentarisch zu bezeichnen sind, genügen sie doch, um die Behauptung aufrecht zu erhalten, daß die Gärtner in den Zünften den Landwirten noch ziemlich nahe standen[2]. Selbst in Straßburg, wo am meisten ein strenges Zunftregiment geherrscht zu haben scheint, ist der Charakter der Urproduktion unverkennbar. Eine große wirtschaftliche Bedeutung haben die Gärtnerzünfte nirgends erlangt. Sie sind in größerer Zahl in Süddeutschland zu finden, während man sie in Mittel-, Nord- und Ostdeutschland seltener antrifft. In späterer Zeit scheint von den süddeutschen Städten nur Bayern den Gärtnern Korporationsrechte zuerkannt zu haben und zwar zuerst den damals sogenannten Lustgärtnern (1638), später auch den Gemüsegärtnern. Im Jahre 1754 wurden die Lust- und Blumengärtner getrennt und nur die letzteren im Zunftverbande belassen[3]. Es bleibt nunmehr noch die Aufgabe, die Entwickelung des Gartenbaues im Königreiche Sachsen, speziell in Dresden, zum Gegenstand der Behandlung zu machen.

In Sachsen wurde der Gartenbau hauptsächlich durch Kurfürst August begründet[4]. Zu seiner Zeit war derselbe noch wenig entwickelt und es herrschte ein großer Mangel an geschulten Gärtnern. Um nun die Gartenkultur in seinem Lande zu heben und gleichzeitig seinen Untertanen gegenüber vorbildlich zu wirken, ließ er Gärtner für seine Gärten aus den Ländern kommen, in denen die

[1] C. Wehrmann, S. 209.
[2] K. Bücher, Bevölkerung von Frankfurt a. M., S. 260.
[3] Schriften des Vereins für Sozialpol. VIII. Bd., S. 365.
[4] J. Falke, Die Geschichte des Kurfürsten August von Sachsen in volkswirtschaftlicher Beziehung. Leipzig 1868, S. 111/19.

Gartenkultur schon auf hoher Blüte stand. Kurz nach seinem Regierungsantritte versuchte er es mit niederländischen und französischen Gärtnern. Er bestellte Jhan Klodt von Antwerpen zum Hofgärtner in Torgau. Dieser erhielt für seine Tätigkeit einen jährlichen Gehalt von 40 fl., ein wöchentliches Kostgeld für sich und sein Weib von einem Taler, ein Malter Korn, 15 Klafter Holz, Sommer- und Winterkleidung für seine Person und eine Wohnung im Gartenhaus zu Torgau[1]. Aber die fremden Gärtner erfüllten nicht die Hoffnungen, die man auf sie gesetzt hatte. Der Kurfürst berief deshalb aus Nürnberg von dem Patrizier Martin Pfintzing, dessen Gärten damals in hohem Ansehen standen, einen gewissen Georg Winger zum kurfürstlichen Hofgärtner. Dieser erhielt jährlich 80 fl., freie Wohnung und Holz und einen Gartenknecht, sowie die nötigen Arbeiter zur Hilfe[2]. Wie sehr sich der Kurfürst den Gartenbau angelegen sein ließ, beweist die Tatsache, daß er seine Erfahrungen in einem „künstlichen Obst- und Gartenbüchlein" verarbeitete, das drei Auflagen erlebt haben soll[3].

Ganz besondere Pflege ließ Kurfürst August dem Obstbau angedeihen. Mit großer Sorgfalt und regem Eifer sorgte er für seine Förderung und Verbreitung im Lande; ihm verdankt er auch seine Blüte. Allein neunerlei Pfropfungsarten von Obstbäumen ließ er bekannt geben. Ferner traf er genaue Bestimmungen, wie den Schädlingen der Obstbäume am besten beizukommen sei, wie Krätz- und Krautgärten anzulegen, wie Rosen zu säen und zu versetzen seien; und auf viele andere Mittel und Wege, deren besondere Aufzählung zu weit führen würde, wies er persönlich in Wort und Schrift zur Hebung der gesamten Gartenkultur hin[4]. Über das Okulieren der Bäume ließ der Kurfürst einen Bericht entwerfen, „wie man mit dem Augen impfen soll[5]". Aus den Gärten des schon genannten Nürnberger Patriziers Pfintzing ließ er 1572 für seine Gärten in Dresden und Stolpen und für die Ämter Stolpen, Senftenberg, Hohenstein und Pirna insgesamt 9000 junge gepfropfte Obstbäume kommen. 4000 davon wurden mit besonderer Frachtfuhre über Plauen nach Dresden gebracht[6]. Christian I., der Nachfolger Augusts, verkaufte 1586 aus seinen Gärten zu Ostra allein 60000 junge Obstbäume zum Preise von 2 bis 2½ Groschen das Stück[7]. Am meisten nützte Kurfürst August der Verbreitung des Obstbaues in seinem Lande durch den Erlaß des sogenannten Ehestandsbaumgesetzes, demzufolge jedes Brautpaar mit Landbesitz zwei Bäume vor der Hochzeit pflanzen und dann pflegen mußte. Da dieses Gesetz noch bis in das 18. Jahrhundert hinein Gültigkeit hatte und die Geistlichkeit verpflichtet

---

[1] J. Falke, S. 111.
[2] Derselbe, S. 112.
[3] Derselbe, S. 114.
[4] H. Ermisch und R. Wuttke, Haushaltung in Vorwerken, S. 97—139
[5] J. Falke, S. 114.
[6] Derselbe, S. 116.
[7] Derselbe, S. 118.

war, an die Kirchenbehörde alljährlich Bericht zu erstatten, läßt sich berechnen, wie die Obstbaumpflege zunahm. August der Starke verordnete 1726 die Anpflanzung von Bäumen verschiedener Art und bestimmte, daß jeder heiratende Bauer vor oder in dem ersten Jahre seiner Ehe 6 Stück gute Bäume setzen solle. Von 1717 bis 1787 wurden allein 591784 Stück solcher Hochzeitsbäume gepflanzt[1].

Der Kurfürst August wirkte vorbildlich über Sachsens Grenze hinaus. So wurde in Brandenburg unter Kurfürst Johann Georg der Gartenbau begründet, der vor allem unter dem Großen Kurfürst emporblühte. Dieser ließ einen großen Garten in Berlin anlegen, in dem er selbst pflanzte, pfropfte, säete und Früchte und Gewächse mit eigener Hand erzog, wozu er aus Italien, Frankreich, England und Holland Samen, Gewächse und Baumarten bringen ließ. Seine auswärtig residierenden Gesandten konnten sich nicht beliebter machen als durch Übersendung von solchen Pflanzen[2].

Der Obsthandel kam in jener Zeit auch zu schöner Blüte. Bei Leipzig war es der Borsdorfer Apfel[3], „die sächsische Apfelsine", die bald einen wichtigen Handelsartikel bildete, nachdem sie auf der Leipziger Michaelismesse zum Verkauf zugelassen war. Noch auf der Herbstmesse von 1812 wurden für fast 50000 Taler umgesetzt. Die Früchte wurden hauptsächlich von russischen Kaufleuten für $1^1/_2$—$2^1/_2$ Taler das Schock aufgekauft und sorgfältig einzeln in Seidenpapier verpackt. Sie bildeten auf den Weihnachtsmärkten von Petersburg und Moskau eine beliebte Weihnachtsfrucht. Im Jahre 1813 fielen leider die Bäume größtenteils unter der Axt der Napoleonischen Krieger[4].

Außer der Pflege des Obstbaues bestand die Hauptbeschäftigung der Gärtner in der Anzucht vegetabilischer Nahrungsmittel. Sie bildete fast ausnahmslos den Gegenstand der gesamten Produktion der damaligen und auch noch der späteren Gärtner. Der technische und wissenschaftliche Stand der Gärtnerei in jener Zeit ragte nur unmerklich über den gewöhnlichen Ackerbau hinaus, sie war eigentlich nur ein verselbständigter Zweig der Landwirtschaft.

Zu den Krammärkten in den Städten gesellten sich die Obst- und Gemüsemärkte, die von Jahr zu Jahr eine immer größere Bedeutung erlangten. Aber es wurde von seiten der Stadt streng darauf geachtet, daß die Gärtner nur die in ihren Gärten selbst erbauten Früchte auf dem Markte feilhielten. So beklagten sich unter anderen die Viertelsmeister von Dresden, die mit peinlicher Sorgfalt über die Einhaltung der Marktverordnung wachten, beim Rate, wie aus einem Bericht des Rates vom 9./VIII. 1616 aus dem Dresdner Ratsarchiv hervorgeht, „wie von ezlichen in den Vorstädten, welche eigene doch gar kleine und geringe Gärten haben, Ihr sitzen auf den

[1] H. Stöhr, Sachsens Obstbau, S. 17.
[2] K. W. Volz, S. 483.
[3] Siehe S. 3 dieser Abhandlung.
[4] H. Stöhr, S. 18.

Altenmarkte also missbrauchet, das sie alda, sobald von den Bauern etwas hereingebracht, es denselben abgekauft und hernach als ob es Ihnen in ihren Gärten gewachsen teurer wieder verkaufft haben sollen, welches dann einer Hokeley nicht ungleich und daher bei uns von ermeldelten Viertelsmeister um Abschaffung solches Missbrauches ganz inständig angesuchet worden"[1].

In der Marktordnung vom Jahre 1603 war nämlich die „unartige und missgebräuchliche Höckerey" streng verboten, da sie die Preise steigere. Die Hökerei schlechthin wollte man jedoch nicht gänzlich untersagen, weil, wie es in der Marktordnung heißt: „mann sich uffn Nothfall, was man bedürftig erholen könnte". Jedoch durfte sie nur angemeldet von Bürgern und Hausbesitzern gegen Entrichtung eines Zinses ausgeübt werden[2]. Trotzdem kam es vielfach vor, daß wider die Marktordnung verstoßen wurde, wie es selbst in ihr heißt „aldieweil dahero gemein worden, dass unter den Vorstätten, und anderen unvermögenden Töchtern keine mehr sich zun Dienst begeben wollen, sondern Hökeley unterwinden, alles auf den Dörffern aufkauffen und den Bauern zum Auffsatz genungsam anleitung geben"[3]. Zu den „Vorstättern" gehörten aber, wie aus der vorigen Urkunde hervorgeht, die Gärtner. Sie saßen ebenfalls auf dem Altmarkte, wo sie ihre Erzeugnisse neben den Bauern feilhielten. Da indes ihre Gärten anfangs „klein und gering" waren, so kauften sie manchmal noch von den Landleuten Gemüse u. a. zu ihren eigenen Erzeugnissen hinzu und machten sich so vielfach der „missbräuchlichen Hockeley" schuldig, weshalb sie oft von den Viertelsmeistern gemaßregelt und nach dem Neumarkte unter die Höken verwiesen worden sind. Sie fühlten sich dann natürlich sehrbeleidigt, zu den Höken gerechnet zu werden und sandten deshalb lange Bitt- und Klageschriften an den Rat. In einer derselben vom 24./III. 1617 heißt es: „Und

---

[1] Vgl. Urkunde im Ratsarchiv zu Dresden C XXIII$_1$, C XXVIII$_1$, die, nebenbei bemerkt, eine der ältesten ist, in der die Gärtner erwähnt werden.

[2] Nach dem Wortlaut der Marktordnung heißt es ausdrücklich: „so wollen Wir auf solche masse dieselbe derogestalt erlaubt haben, dass hinfüro Niemands der Hockeley pflegen und dieselbe treiben soll, Er sey denn Bürger und Häusslichen Besessen, sich bey Uns angegeben, und ihnen vergönnet, auch angemeldet worden, wie sie sich erweisen, und uff was masse sie demselben nachkommen sollen ......"

[3] Die Bestimmungen, die der Rat erließ, um zwischen Bauern, Höken und fremden Händlern einen Unterschied zu machen, entnehmen wir, um sie der Vollständigkeit hier anzuführen, dem weiteren Wortlaut der Marktordnung. Es heißt daselbst: „Damit nun zwischen den Höcken „Bauers" und frembden Leuthen, welche etwas zum Markte hereinbringen, ein Unterschied sei, So sollen die einheimischen Höken uffn Newmarkte zum theil in den Läden bey dem Kirchhoffe zu Unsern lieben Frawen, umb gebührlichen Zinss, und die andern gleichermassen daselbst, an einem gewissen orth, davon sie gleichfalls dem gemeinem Gutte zum Besten ichtwas geben, auch nur an einen und nicht mehr orten, am Montage und andere folgende Tage feil haben, und dann die Bawersleuthe und sonsten frembde uff dem alten Markte allein mit ihren Waren seyn, auff dass sich männiglich darnach zu richten und also ein jeder sie erkennen möge, welche Bawersleuthe und frembde, und dabei die Hökeley vor allen Thoren verbotten seyn, bey Verlust der wahren."

dieweil wir nu Gärtnersweiber, die zu alten Dresden und sowohl an dem vilschen (Wilsdruffer) und Pirnischen Thor, die wir alle Gärten haben, die unser seyn und wir uns Tag und Nacht darin bemühen mit Säen und Pflanzen und andere Arbeit, weil uns Gott der Allmächtige das wenige segnet und aufgehen läßt, was wir nu lange daran gearbeitet haben und uns sauer worden ist und wir uns samt unsern Kindern ernähren müssen in diesen schwinden und schweren schweren Zeiten[1]." Nicht lange sollten sie in dieser Bedrängnis bleiben; denn schon am 10. April 1617 heißt es in einem Schreiben des Kurfürsten an den Rat: „das ist hiermit unser begehren, Ihr vollet zwischen den Höklern und Gärtnern einen Unterschied halten und soviel die Hökler betrifft, gebührlich verschaffen, dass sie zufolge Eurer Ordnung aus denen darin angezogenen Ursachen ihre Ware ferner wie seithero geschehen nicht auf dem alten sondern auf dem neuen Markt an denen dazu bestimmten örtern und Stellen feil haben und verkaufen sollen. Soviel aber die Gärtner und Ihre Weiber belangt, denselben alsobald und ohne Verzug gestatten, dass sie den Bauersleuten gleich auf dem alten Markte ihre Waren welche sie durch Gottessegen in ihren erkauften, auch mit Zinss und anderem Gefäll belegten Garten erlauben, ungehindert aussetzen und verhandeln mögen"[2]. Aus dieser Urkunde ersehen wir zugleich, daß die Gärten auch mit Abgaben „Zins und anderem Gefäll" belegt waren. Unter Zins[3] ist in jener Zeit, abgesehen von den an den Stadtherrn zu entrichtenden Grundzinsen, entweder die auf den Grundstücken als Reallast haftende Verpflichtung zur Zahlung einer Rente zu verstehen. Sie ist in vielen Fällen davon herzuleiten, daß der Besitzer des Grundstückes bei dessen Erwerbung nur einen Teil des Kaufgeldes bezahlte und das übrige als Erbgeld darauf stehen ließ mit der Verpflichtung, es bis zur Abzahlung zu verzinsen. Oder es sind unter Zinsen jene noch häufig vorkommenden, sogenannten „Wiederkaufszinsen" gemeint, die ebenfalls auf Grundstücken und Häusern lasteten. Sie entstanden dadurch, daß z. B. der Eigentümer eines Hauses gegen Empfang eines Kapitals die jährliche Leistung einer bestimmten Summe auf sein Haus übernahm, wobei der jedesmalige Eigentümer diesen Zins entrichten mußte, jedoch unter dem Vorbehalte, durch Rückzahlung des Kapitals den Zins jederzeit wieder ablösen zu können, während der Zinsempfänger nicht das Recht hatte, sein Kapital zu kündigen und zurückzufordern. Der Zins betrug bis zur Mitte des 15. Jahrhunderts meist den zehnten Teil des Kapitals, ermäßigte sich jedoch bis Ende desselben allmählich auf den zwanzigsten Teil. Die Zinszahlung erfolgte in der Regel halbjährlich zu Walpurgis und Michaelis. Für den Wiederkauf des Zinses war gewöhnlich eine halbjährliche Kündigungsfrist ausbedungen. Der Zins-

---

[1] Ratsarchiv C XXVIII_1 S. 10ff.
[2] Desgl. C XXVIII_1 S. 18ff.
[3] Siehe O. Richter, Verfassungs- und Verwaltungsgeschichte der Stadt Dresden, S. 44.

verkauf wurde rechtsgültig durch Bekenntnis des Verpflichteten vor dem Rate, der darüber einen Zinsbrief ausstellte.

So sehr sich auch die Gärtner anstrengten, emporzukommen, Hauptlieferanten an Gartenerzeugnissen waren und blieben vorerst noch die Bauern. Ihre Konkurrenz ließ schwerlich die Gärtnerei als selbständigen Erwerbszweig aufkommen. Lange Zeit hindurch übte sie auf ihre Existenz einen empfindlichen Druck aus, von dem sich die Gärtner wiederholt durch Gesuche und Eingaben an die Regierung und den Rat der Stadt zu befreien suchten, „eine nachdrückliche Verordnung zu treffen, damit dieses Bauernvolk sich alles ferneren Einschleiffs solcher Gartenfrüchte gänzlich enthalten solle"[1]. Sie beklagen sich, „dass dieses Bauernvolk ihre ordentliche Acker und Feldnahrung (als bei welcher sie billig bleiben sollten) dass es auf ein andere Profession, wie leider mehrmals geschieht, sich zu begeben nicht uhrsach hatt, hingegen aber wir fast kein ander als dieses Mittel haben uns ehrlicher weise hinzubringen"[1]. Ebenso führen sie Klage darüber, daß ihnen von seiten der Hofbedienten und alter gedienter Soldaten Konkurrenz gemacht würde, denen der Kurfürst Krätzgärten (d. h. Gemüsegärten) in Neuostra angelegt hatte[1]. Der Rat war gar nicht abgeneigt, ihrem Begehren stattzugeben, aber der Kurfürst Johann Georg III. beschied die Bitten der Gärtner abschlägig; er wollte die Interessen der Bauern um Dresden herum schützen, und in diesem Sinne richtete er unter dem 23./II. 1683 an den Rat folgendes Schreiben: „Wenn wir aber dieses werk inn vielen unterlauffenden umbstände willen weder vor prakticirlich noch ratsam erachten, also werdet ihr damit anzustehen und den Vertrieb obiger Früchte beydes den Bürgern als Bauervolk wie bis anhero ohne unterschied zulassen wissen, möchten Euch nicht bergen"[1]. Unter Bürger sind hier natürlich die Gärtner zu verstehen. Daraus kann man schließen, daß die Gärten innerhalb des Weichbildes gelegen waren.

Aus einer der Eingaben an die Regierung können wir ersehen, welche Gartenfrüchte in damaliger Zeit die Gärtner vor allen Dingen anpflanzten. Es waren dies: Artischocken, Carviol, Stengelerbsen, gepfropfte Erdbeeren, Gurken, Hindläufwurzel, Johannisbeeren, Isop, Melissen, Nelkenstöcke, gelbe Violen, Pastinat-Wurzeln, Petersilienkraut und Wurzeln, Monatradies, Raute, Winterrettich, Rosmarin, rote Rüben, Centifoliarosen, Gartenlabünzel, Stachelbeeren, Salbey, Spinnat, Sellerie, Timian, grüne Zwiebeln, Staudensalat, Kerbel, Endiviensalat, Spargel usw.[2]

Unter August dem Starken wandten sich die Dresdner Gärtner an den Rat der Stadt mit der Bitte[3], ein Gesetz zu schaffen, das den Handel der Bauern mit Gartengewächsen gänzlich verbieten sollte. Sie hatten jedoch keinen Erfolg damit, sondern wurden vom Könige

[1] Ratsarchiv C XXVII$_{10}$, unterzeichnet von 8 Gärtnern.
[2] Vergleiche Schreiben v. 18./I. 1683 derselben Urkundensammlung.
[3] Ratsarchiv C XXVII$_{25}$.

am 20./I. 1724 abschlägig beschieden. In dem langen Gesuche wird angeführt, daß die Bauern die Gartengewächse nicht nur auf dem Markte, sondern auch in den Häusern der Bürger feilhielten. Gleichzeitig beklagt man sich über die übermäßig große Einfuhr von auswärtigem Gemüse, zu dessen Verkauf sich sogar einige Dresdner Gärtner herbeiließen. So „entblöde" sich nicht, wie es in der Urkunde heißt, „ein gewisser Martin Grisdorff, eine grosse Menge Gurken aus Liebenau ausser Jahrmarktszeit nach Dresden zu bringen". Ja, sogar bis nach Böhmen gingen im Frühjahre einige Gärtnersweiber, um daselbst „allerhand neue und frische Gartenfrüchte aufzukaufen und alsdann zu großem Schaden deren hiesigen Gärtner auszuhökeln". Auf den Gassen wurden selbst Orangen und Franzbäume feilgehalten, ohne daß man erfahren konnte, woher diese stammten. Es wird auch geklagt, daß die Grundstücke arg mit Pacht- und Mietzins belastet waren. Als sehr hoch wird der Preis einer Fuhre Dünger bezeichnet; er belief sich damals inklusive Fuhrlohn auf 22 Groschen bis 1 Taler. Die Zahl der Gärtner muß in verhältnismäßig kurzer Zeit, wenn auch das Wachstum etwas übertrieben angegeben zu sein scheint, doch ziemlich rasch gestiegen sein. Man kann das aus folgendem entnehmen: „vor diesen waren etwa 8 bis 12 Gärttner alhier, anizo aber sind deren mehr als 300."

Zu allen den eben geschilderten lokalen Kämpfen der Gärtner um ihre Existenz und den Zwistigkeiten, die manchmal die Gemüter bis aufs äußerste erregt zu haben scheinen, stellte sich in der folgenden Zeit ein noch viel gefährlicherer Kampfgegner ein, den die Gärtnerei bis zum heutigen Tage, so sehr sie sich auch gegen ihn wehrte und ihn unschädlich zu machen suchte, noch nicht hat bewältigen können, im Gegenteil, der gegenwärtig von Jahr zu Jahr immer mehr an Macht gewinnt. Das ist die auswärtige Konkurrenz. Bisher ist sie nur vereinzelt aufgetreten und hat so gut wie gar keinen Einfluß auf den Markt gehabt. Von jetzt an aber übt sie einen immer stärker werdenden Druck auf die heimische Produktion aus. Die ersten auswärtigen Konkurrenten der Dresdner Gärtner waren die Gärtner aus Liebenau in der Lausitz. Selbstverständlich wurden von seiten der Dresdner Gärtner die größten Anstrengungen gemacht, um diese Konkurrenz aus dem Felde zu räumen, allein der Erfolg war gering. Sie erreichten anfangs vom Rate nur, daß den fremden Gärtnern vorgeschrieben wurde, ihre Produkte „nicht länger als 3 Tage oder Sonnenscheine feilzuhaben". Den dann noch unverkauften Rest mußten sie zu einem billigen Preis an die hiesigen Einwohner oder Händler überlassen, damit „weder jene an ihren Kosten noch diese an ihrem ordentlichen Gewerbe Nachteil leyden mögen". An Markt- oder Städtegeld hatten sie für „einen gantzen Wagen voll Waaren" 3 Groschen zu zahlen; besaßen mehrere einen Wagen, dann war jeder einzelne zu diesem Betrage verpflichtet. Außerdem mußten sie dem Marktmeister ein halbes Schock Gurken abgeben[1]. „Vermögen aber die

[1] Vgl. Ratsarchiv C XXVII$_{34}$ S. 24.

Liebenauer", so heißt es in einem Schreiben vom 25./VIII. 1736 des Rates an den König und Kurfürsten, „zu solcher Zeit Gurken anhero zu bringen, wenn allhier keine zu haben, so soll ihnen gleich den Liebenwerder Kraut-Leuthen, die das Kraut zu Johannis, da ordentlicherweise keines allhier zu haben anherobringen, frey stehen alle Tage damit Markt zu halten"[1]. Die Liebenauer brachten vor allem: Meerrettich, Charlotten, Knoblauch, Zwiebeln, Berliner Rübchen, zeitige saure Gurken und grobes Gesäm[2] nach Dresden. Es waren ursprünglich 7 Gärtnersfrauen aus Liebenau, die den Vertrieb der Erzeugnisse auf dem Altmarkte vornahmen; ihnen waren vom Marktamte ganz bestimmte Verkaufsstellen angewiesen und zwar unter folgenden Bedingungen (nach dem Wortlaut der Urkunde v. 20./XI. 1777):

1. „dass selbige und zwar jede derselben jährlich einen Zinnss von 12 Groschen in E. Hoch-Edlen Raths-Zinnss-Amt zur gesetzten Zeit bei Verlust der Stelle abstatten, auch

2. das gewöhnliche Marktgeld an denen Tagen, da sie den Markt bauen, entrichten,

3. alljährlich zur Gorkenzeit und zwar vom 16. Juli (ab) bis und mit 15. Sept. die Stellen wechseln, welcher Wechsel jedoch nur diejenigen betrifft, so saure Gorken anhero bringen und auf dem Markte verkaufen........"[3]

In Kriegszeiten, vor allem während der Belagerung von Dresden durch Friedrich den Großen versorgten die Liebenauer, wie sie selbst sagen, die Stadt fast ausschließlich nicht nur mit ihren Gartengewächsen, sondern auch mit Getreide und anderen Viktualien. Oftmals wären dabei ihre Wagen und Pferde in die Hände der feindlichen Truppen gefallen. Von der Qualität ihrer Erzeugnisse waren sie sehr eingenommen. Sie behaupteten, „der Liebenauer (Meerrettich) ist bekanntermassen von einer solchen Fettigkeit, dass sie etwas anderes als dergleichen Wurzeln darinnen (Dresden) zu erzeugen nicht vermögen, dahingegen der hiesige, wie jedermann weiss, höchst sandig ist, woraus (folgt), dass diese Wurzeln und Gesäme theils gar nicht, theils niemahls in der Menge als sie konsumiert wird, dahier erzeugt werden können"[4]. Sie wollten damit beweisen, daß die Dresdner Gärtner gar nicht imstande waren, den Bedarf an Gemüse selbst zu decken.

Die Liebenauer lieferten nicht nur nach Dresden, sondern sogar nach Böhmen und dem Erzgebirge. Mit welchen Mitteln die Dresdner Produzenten arbeiteten, um die Liebenauer Konkurrenz zu verdrängen und unmöglich zu machen, kann man aus folgendem entnehmen: „allein es sind die hiesigen Gärtner an dergleichen Erdichtung (dass im Überfluss produziert wird) niemahls unfruchtbar gewesen, da sie zu anderen Zeiten anzuführen sich nicht entblödet (haben), wir

[1] Ratsarchiv C XXVII$_{34}$ S. 26.
[2] Dass. S. 119.
[3] Dass. S. 181ff.
[4] Dass. S. 143.

brächten unreife Waaren hierher." Allein alle Mittel, sich von dieser lästigen Konkurrenz freizumachen, halfen nichts. Im Gegenteil, im Jahre 1777 wurde den „Liebenauer Wurzel- und Gurkengärtnern" vom Kurfürsten Friedrich August sogar erlaubt, ihre Erzeugnisse ohne Einschränkung Tag für Tag auf dem Altmarkte feilzuhalten[1].

In jener Zeit, so wird berichtet, sollen in und um Dresden 4—600 Gärtner gewesen sein. Mehrere hatten ihren Garten in Pacht. Es gab auch schon gelernte Gärtner. In einer Urkunde vom Jahre 1775 heißt es nämlich: „Wir sind meistentheils hiesige Bürger und gelernte Gärtner.[2]" Man kannte ebenfalls Treib- oder Mistbeete, von denen im Jahre 1776[3] das erste Mal die Rede ist. Diese versah man im Winter mit sogenannten „Espaliers", das sind gegen Frost schützende Seitenwände aus Stroh, Sägespänen oder Humus. Für eine Fuhre Dünger inklusive Fuhrlohn bezahlte man damals einen Taler und 12 Groschen.

In ihrem Kampf gegen den Wettbewerb der Bauern hatten die Gärtner nun wenigstens so viel erreicht, daß den Landleuten nach der neuen Marktordnung nur gestattet war, Viktualien, sowie Obst, Rüben, Möhren, Kraut und Zwiebeln feilzuhalten. Hingegen mit Gurken, Wurzelwerk, Salat und anderen Gartengewächsen zu handeln, war allein den Gärtnern vorbehalten, „so lediglich davon leben müssen und sonst nichts zu verdienen haben". Diese Marktordnung wurde jedoch oftmals übertreten. Um nun in Zukunft mehr Erfolg bei den Bittschriften zu erzielen, vor allem aber um einheitlich gemeinsame Interessen und Forderungen zu vertreten, beschlossen im Jahre 1775 alle Gärtner im Dresdner Bezirk, einen Rechtskonsulenten zu ernennen. Sie betrauten damit den Advokaten Dr. Johann Christian Köhler[4].

Als ein Frühfrost im Oktober 1786 großen Schaden angerichtet hatte, erließ der Rat eine Verordnung, daß vor 12 Uhr mittags kein Fremder auf hiesigem Markte zum Wiederverkaufe aufs Land und in die benachbarten Städte befugt sein sollte. Das bedeutete einen

---

[1] Ratsarchiv C XXVII$_{34}$ S. 119.
[2] Dass. C XXVII$_{51}$ S. 2.
[3] Dass. C XXVII$_{34}$ S. 110ff.
[4] Sie erteilten ihm Vollmacht „dergestalt", so heißt es in der Urkunde, „dass derselbe vor uns und statt unserer wieder alle diejenigen Bauersleute, welche in hiesiger Residenz Garten — Waaren zum Verkauf einführen und in unserer Nahrung stöhren, absonderlich die Korbitzer, Büschner, Plauische, Uebigauer, Mickner, Cadizer, Blasewitzer, Loschwitzer, Striessner, Strehler, Grunaer u. anderer sowohlen die Liebenauer und Grossenhayner, coram quocunque judicio erscheinen, Beschwerden anbringen, Verhören beywohnen, die Güthe pflegen entstehenden falls um Verboth und Confiskationen dergleichen von obengedachten Personen unerlaubter Weise zu verkauffenden Garten — Waaren ansuchen, Befehle sich publizieren lassen, nöthigenfalls Remedia interponieren, trans........., renunzieren, andere statt seiner substituieren, Substitutosque revocieren, unsere Nahmen unterschreiben und alle übrige, so wir sonst in Person beobachten sollten, sowohln in genere als specie, expedieren könne, möge und solle. Uhrkundlich wir diese Vollmacht unterschreiben. So geschehen Dresden, den 14. Sept. 1775". Unterzeichnet ist die Urkunde von 141 Gärtnern.

schweren Schlag für die Gärtner, die bisher an die von auswärts herein auf den Markt kommenden Händler ihre Erzeugnisse verkauft hatten. Nachdem nämlich diese fremden Höken ihre Waren abgesetzt hatten, pflegten sie, um nicht leer wieder nach Hause zurückzukehren, Grünwaren und dergleichen, woran es in ihrem Heimatsorte mangelte, einzukaufen, um ihren heimischen Markt damit zu versorgen. Mit Respekt, aber Entschiedenheit, wandten sich die Dresdner Gärtner, die sich durch diese neue Verordnung am empfindlichsten getroffen fühlten, an den Rat um Aufhebung dieser Bestimmung, deren Endzweck war, einer durch den Mangel an Gärtnerware zu befürchtenden Preissteigerung vorzubeugen. Diesmal erreichten die Gärtner ihr Ziel. Der Kurfürst erklärte nämlich die Verordnung für nichtig, und der Rat mußte sie wieder aufheben[1].

Jedoch sehr lange haben sich die Gärtner der Freiheit im Verkaufe ihrer Erzeugnisse nicht erfreuen können. Nach einem Polizeierlaß vom 1. Sept. 1814[2] war den Gärtnern streng verboten, vor 12 Uhr mittags, bevor nicht „der Marktwisch gefallen", ihre Produkte an Höken abzusetzen. Außerdem war ihnen zur Pflicht gemacht, „weder vor den Schlägen, noch auf der Straße und in den Häusern ihre Waren zu verkaufen". Wer von den Gärtnern in jener Zeit auf dem Altmarkte grüne Gartenware feilhalten wollte, mußte

1. das Bürgerrecht besitzen,
2. Gartenbesitzer oder Gartenpächter sein und
3. gegen einen jährlich zu zahlenden Zins eine Verkaufsstelle auf dem Altmarkte innehaben[3].

Diejenigen, welche nur Gärten von geringem Ertrage erpachtet hatten und daher mit den auf denselben erzeugten Produkten nur bisweilen den Markt „zu bauen" imstande waren, wurden unter die Bauersleute verwiesen.

Das Hökeraufkauf-Verbot, das den Gärtnern große Beschränkungen im Verkauf ihrer Erzeugnisse auferlegte, wirkte naturgemäß hemmend auf die gesamte Entwickelung der Gärtnerei. Die Auffassung, daß eine Preissteigerung durch polizeiliche Verordnungen sich verhindern lasse, ist vollständig irrig. Der Preis in diesen Artikeln richtet sich ganz und gar nach dem Ertrag der einzelnen Ernten. Diese sind wieder stark abhängig von den jeweiligen Witterungsverhältnissen. Ist daher der Ertrag in dem einen Jahre gering, so wird trotz aller polizeilichen Maßnahmen der Preis steigen. Die Handhabung des Aufkaufverbotes war nicht einheitlich; insofern wirkte es obendrein auch noch ungerecht. Es war nämlich den sogenannten Gründerweibern, das waren Höken aus Freiberg und Radeberg, erlaubt, ihren Bedarf an Grünwaren zu decken, wann immer sie wollten. Fast fünfzig Jahre hindurch hat man um Be-

---

[1] Ratsarchiv C XXIX$_{24}$ S. 16.
[2] Dass. C XXIX$_{51}$ A. 1ff.
[3] Dass. C XXVII$_{70}$.

seitigung dieser Marktbeschränkung nachgesucht. Nichtige und ängstliche Bedenken der staatlichen und städtischen Behörden haben solange die Forderungen der Gärtner vereitelt. Um auch in dieser Beziehung einheitlich vorzugehen, beauftragten die Gärtner den Advokaten Dr. Pilling mit der Wahrnehmung ihrer Rechte. Er erschien für sie vor Gericht, stellte Anträge, gab mündliche und schriftliche Erklärungen ab und vollzog Unterschriften in ihrem Namen. 71 Gärtner haben diese Vollmacht unterzeichnet. Am 11. September 1854[1] endlich gewährte man ihnen wenigstens, daß sie ihre Waren schon um 10 Uhr an die Höken verkaufen konnten. Aber erst am 21. Januar 1859 kam man ihren Bitten vollständig nach und hob das Aufkaufverbot endgültig auf, nachdem man schon ein Jahr vorher sowohl in Leipzig (am 3. November 1858), wie auch in Chemnitz sämtliche Marktbeschränkungen beseitigt hatte. Erst von jetzt ab, da sich die Gärtnerei frei entwickeln konnte, blühte sie empor.

Wir haben versucht, die Entwickelung der Gärtnerei darzustellen, die sie vom 17. bis zur Mitte des 19. Jahrhunderts in Dresden und Umgegend genommen hat und sind jetzt an einem gewissen Abschluß im Entwickelungsstadium der Gärtnerei gelangt. Werfen wir kurz einen Rückblick auf die behandelte Zeit, so kommen wir zu folgendem Ergebnis:

Eine führende Stellung hat die Gärtnerei in Dresden bis dahin noch nicht erreicht; das konnte sie indes auch schwerlich, da sie noch zu sehr um ihre Existenz zu kämpfen hatte. Vor allem waren es lokale und interlokale Konkurrenzkämpfe, die eine freie Entfaltung und ein Emporblühen verhinderten. Die gewerbsmäßige Gärtnerei erstreckte sich ausschließlich auf den Anbau von Gemüsen für den eigenen Markt. Aber hierin wurde Dresden von anderen Städten bei weitem überflügelt.

Die führende Stellung im Gemüsebau und -handel in jener Zeit nahm die Stadt Erfurt[2] ein, die die ganze Umgebung bis nach Leipzig und Dresden, Magdeburg, Frankfurt a. M. mit ihren geschätzten Gemüsesorten versorgte. Schon 1641 war der Gemüsehandel Erfurts so bedeutsam, daß in der Marktordnung der Stadt Gotha[3] darüber geklagt wurde, die Erfurter überschwemmten die Märkte dermaßen mit Gemüse, daß man für den Gemüsebau am Platze eine gefährliche Konkurrenz fürchtete. Neben der Brunnenkresse wurde, wie noch heute der Erfurter Blumenkohl, zu einem begehrten Handelsartikel und die Gemüsesämereien fanden reichen Absatz nach aller Herren Länder, so daß man wohl sagen darf, Erfurt hat die deutsche Gärtnerei in die Periode des Exporthandels hinübergeführt. Hatte man ursprünglich den Blumenkohlsamen aus Zypern[4], England und den

---

[1] Ratsarchiv C XXIX$_{51}$ S. 101ff.
[2] Vgl. Haupt, Die Erfurter Kunst- und Handelsgärtnerei.
[3] Derselbe, S. 54.
[4] Derselbe, S. 69ff.

Niederlanden bezogen, so war Erfurt jetzt selbst die Exportstation für Blumenkohlsämereien geworden. Der Samenhandel erstreckte sich bereits nach den entlegensten Provinzen Deutschlands, nach Livland, Schweden und Dänemark. Auf die übrigen Gärtner in Deutschland wirkten die Erfurter ebenso anregend wie vorbildlich, dabei waren damals die Kataloge für Gemüse noch reichhaltiger als heute. So finden wir unter den angebauten und in Handel gebrachten Suppenkräutern: Veilchen, Löwenzahn, rote Nessel, Maasliebchen, die wir heute nur noch als Blumen verwenden. Unter den Salatpflanzen kehrt das Veilchen wieder, ferner noch rote Minze, Primelknospen, Maasliebchen, Löwenzahn, sowie die Knospen des roten Fenchel. Ein Gemüsegärtner zog unter normalen Verhältnissen, wie E. v. Kudriaffsky[1] nach alten Küchenaufzeichnungen feststellte, mit 48 Suppenkräutern und 19 Salatsorten zu Markte. Wir wissen heute nichts mehr von der Kultur der Veilchen, Primeln usw. als Gemüsepflanzen.

Neben Erfurt rivalisierte im Samenbau Quedlinburg, das Erfurt im Laufe der Zeit überflügelt hat und gegenwärtig bei weitem die führende Stellung in dieser Kultur behauptet. Sein rasches Emporblühen und seinen Weltruf verdankt Quedlinburg zum großen Teile seinen gerade für Samenkultur recht günstigen Naturverhältnissen. Durch das ziemlich rauhe Klima, das dort während des ganzen Jahres hindurch herrscht, wird die Wetterfestigkeit der Pflanzen bedeutend erhöht. Pflanzen, deren Samen aus Quedlinburg stammt, sind viel leichter imstande, den Unbilden der Witterung zu trotzen, als solche, die ihre Heimat in Gegenden milderen Klimas haben.

---

2. Die Entstehung der sogenannten „Kunst- und Handelsgärtnerei“.

Eine wesentliche Änderung und Erweiterung in dem bisherigen Betriebe trat ein, als die Anzucht von Blumen und Pflanzen aller Art auch gewerbsmäßig neben dem Gemüsebau betrieben wurde. Die Blumen- oder Ziergärtnerei lag anfangs in den Händen der sogenannten Lust- oder Hofgärtner, die aber keine selbständigen Gärtner waren, sondern ihre Tätigkeit als Angestellte in den Gärten der Fürsten, Adligen und Schloßherren ausübten, zu denen sie in einem persönlichen Dienstverhältnis standen. Diese Lustgärtner nahmen wegen der Ausübung ihrer Kunst, schöne Parks anlegen zu können, eine sozial höher geachtete Stellung in der Gesellschaft ein als der gewerbetreibende Gemüsegärtner. Aber im Laufe der Zeit verwischten sich immer mehr die sozialen Klassenunterschiede zwischen den Lustgärtnern einerseits und den selbständigen Gärtnern andererseits.

Die Lustgärtnerei blühte vor allem in Süddeutschland. Berühmt sind hier die schönen Gärten mit herrlichen Anlagen der Augs-

[1] E. v. Kudriaffsky, Die historische Küche. Wien 1878.

burger Großkaufleute, der Hochstetter und der Fugger, welch letztere in Rücksicht auf Gewächse und Lusthäuser alle anderen übertrafen[1]. Seltene Pflanzen, wie z. B. die Muskatrose, aus der man im Orient das kostbare Rosenöl bereitet, waren in dem Fuggerschen Garten in Augsburg anzutreffen[2]. In einem anderen Augsburger Patriziergarten (J. Heinr. Herwarth) gab es um 1559 schon Tulpen, die zwei Jahre vorher aus Konstantinopel nach Deutschland gekommen waren[3]. In jener Zeit (1530) kam auch in Augsburg das erste in deutscher Sprache und in Deutschland über den Gartenbau geschriebene Buch heraus: „Lustgarten und Pflanzungen mit wundersamer Zyrd etc."[4] Ähnliche großartige Gärten gab es in jener Zeit in Nürnberg und Ulm. 1579 brachte ein Nürnberger Bürger namens Stephan von Hansen die erste Safranblume von Belgrad nach Deutschland[5]. 1705 blühte zum erstenmal der Cactus grandiflorus in dem Garten des berühmten Nürnberger Arztes Volckamer. Die Ulmer Gärtner wurden auch Bauleute genannt[6]. Sie pflanzten vornehmlich alle Arten Küchengewächse: Kohl, Rettige, Rüben, Salat, ferner Spargel und Blumenkohl, worin sie eine große Berühmtheit erlangten. Aber sie widmeten sich gleichzeitig der Blumenpflege und die Ulmer Rosen sind sehr bekannt geworden. Besonders bemerkenswert ist eine alte Bestimmung, die unter den Ulmer Gärtnern lange Zeit streng durchgeführt wurde, wonach kein Nachbar neben dem anderen verschiedene Samen ziehen durfte, die zu gleicher Zeit blühten, damit durch Vermischung des Blütenstaubs die Pflanzen nicht ausarten sollten[7].

Die Hofgärtner produzierten keineswegs nur für den Bedarf ihrer Herrschaften, sondern traten gleichfalls mit den Berufsgärtnern in lebhafte Konkurrenz. So in Dresden, wo es in einer Urkunde aus dem Jahre 1816 heißt, daß die Schwester des Pachtgärtners Rudolf „schon seit langer Zeit" die Blumen des Hofgärtners Seidel[8] auf dem Altmarkte verkaufte, „und zwar auf der Stelle", so heißt es in der Urkunde, „welche ihr der Hofgärtner Seidel, der solche auch bezahlt, überlässet"[9]. Über die Konkurrenz der Hofgärtner ist bis heutigen Tages von seiten der Berufsgärtner lebhafte Klage geführt worden.

In demselben Grade als im Volke die allgemeine Bildung und damit der Sinn für das Schöne, für die Kunst stetig weitere Kreise ergriff, sah sich der einfache, selbständige Gärtner genötigt, Zweige der Zier- und Kunstgärtnerei in sein Betätigungsgebiet mit aufzunehmen.

---

[1] K. W. Volz, a. a. O. S. 481.

[2] Des Fontaines, Histoire des arbres et arbrisseaux qui peuvent être cultivés en pleine terre. Paris 1809, II. Bd., Page 186; zit. Volz, S. 481.

[3] K. W. Volz, S. 482.

[4] Derselbe, S. 482.

[5] Derselbe, S. 483.

[6] Haid, Ulm mit seinem Gebiete. Ulm 1786, S. 258 u. 426; zit. Volz, 483.

[7] K. W. Volz, S. 483.

[8] Gemeint ist Johann Heinrich Seidel, Kurfürstlicher Hofgärtner in Dresden (geb. 1744 zu Radeberg; siehe Chronik der Familie Seidel, S. 16).

[9] Ratsarchiv C XXVII$_{70}$, Schr. v. 31./V. 1816.

Die eigentliche Gartenkunst wurde natürlich wie bisher in den Hof- und Schloßgärten weiter gepflegt. Ihre Darstellung ist nicht unsere Aufgabe. Zu ihrer Orientierung verweisen wir auf endstehende Literatur[1].

Vor allem war es die Land- und Topfblumenzucht, die sich in dem Betriebe der Gärtner allmählich Eingang verschaffte. Bereits Dominikus[2] führt als Erfurter Handelspflanzen: Nelken, Aurikeln, Primeln, Hyazinthen, Tulpen, Anemonen, Ranunkeln, Malven, Balsaminen, Gartenwicken und Winden, Rittersporn, Goldlack, Violen und andere mehr an. In Erfurt bildete sich eine Blumengesellschaft[3], die erste ihrer Art, die als die Wiege der fortschreitenden Blumenkultur und als Ursprung des heutigen Welthandels in Blumensämereien in Deutschland zu betrachten ist. Der Handel wurde belebt durch die Varietätenzucht. So brachte es Jacob Platz im Jahre 1756 in seiner Levkojenkultur schon auf 12 Varietäten. Diese Levkojenkultur nahm einen ganz hervorragenden Umfang an und überall wurden die Sämereien begehrt. Der Weber Christoph Lorenz, der sich den Beinamen „der Erfurter Levkojenkönig"[4] erwarb, verstärkte den Ruhm dieses Handelszweiges. Die Georginenzucht kam 1817 auf; Platz[5] führte die erste einfache rote Georgine aus England ein, und zwar kostete das Stück damals 14 Taler. Weiter folgte die Einfuhr und Kultur von Astern, Orchideen, Kakteen, Palmen, Calceolarien, Cinerarien, Fuchsien, Verbenen u. a. Als Besitzer des Kaplands brachten die Holländer[6] 1680—1700 die Pelargonien und Succulenten, später auch die Erika nach Europa, alle jene Formen, für die man heute in den Gärten besondere Gewächshäuser, die Caphäuser[7] reserviert; denn die Einführung so vieler Pflanzen aus Ländern mit teilweise viel wärmerem Klima zwang ja die europäischen Gärtner, für die neuen Ankömmlinge geeignete Lebensbedingungen zu schaffen. Der wilde Wein kam durch die Vermittlung der Franzosen (1636) aus Canada. England führte gleichzeitig die Pflanzenschätze Virginiens, darunter die Magnolie, der alten Welt zu.

Zur Topfpflanzenkultur gesellte sich dann später noch die Anzucht von Ziersträuchern und Bäumen und dann auch das Anlegen und Unterhalten von Nutz- und Ziergärten, jene beiden Zweige der Berufsgärtnerei, die wir heute fast nur selbständig, getrennt von den übrigen Zweigen der Gärtnerei, unter dem Namen Baumschulen- und Landschaftsgärtnerei antreffen. So hatte sich nach und nach eine Betriebsform herausgebildet, die man früher allgemein mit dem Namen „Kunst- und Handelsgärtnerei" zu bezeichnen pflegte. Diese

---

[1] C. C. L. Hirschfeld, Theorie der Gartenkunst, 5 Bde., Leipzig 1785. — Ferner: Jakob v. Falke, Der Garten. Seine Kunst und Kunstgeschichte. Berlin und Stuttgart.

[2] H. Haupt, Die Erfurter Kunst- und Handelsgärtnerei. Jena 1906, S. 71.

[3] Derselbe, S. 71.

[4] Derselbe, S. 73.

[5] Derselbe, S. 74.

[6] Vgl. Falkenberg, Der Garten u. seine Entw., a. a. O. 15/16. Rostock 1899.

[7] Solche Häuser trifft man aber heute seltener in Gärtnereien als vielmehr in botanischen Gärten an.

Bezeichnung, die bis in die neueste Zeit bestanden hat und noch besteht, ist vielfach ganz unrechtmäßig geführt worden, indem manche Betriebsinhaber unter diesem Deckmantel für ihre Betriebe damit Reklame zu machen suchten, jedoch alles andere waren, nur keine „Kunst- und Handelsgärtnereien". Andererseits ist von seiten der Behörde, namentlich der Handels- und Gewerbekammern diese Benennung der Anlaß zu gänzlich falscher Beurteilung der rechtlichen Stellung der einzelnen Gärtnereibetriebe im Wirtschaftsleben gewesen, so daß man in neuerer Zeit zu einer passenderen, den Betrieb schon nach außen hin deutlicher kennzeichnenden Benennung übergegangen ist. Wir kommen an anderer Stelle nochmals auf diesen Punkt zurück.

Jedenfalls bestand die ursprüngliche Betriebsform der Kunst- und Handelsgärtnerei in der Zusammenfassung möglichst aller Zweige der gärtnerischen Produktion. Es entstanden Mischbetriebe der verschiedenartigsten Zusammensetzung und sie waren noch vor etwa 40 Jahren allgemein vorherrschend. Heute findet man sie nur noch in mittleren und kleineren Städten[1], wo sie außerdem meist in Verbindung mit einem Blumenladen weiterbestehen. Spezialisierung und Produktionsteilung kamen nur in ganz geringem Umfange vor.

Die Gärtnerei ist ein Produkt der Städte, wo infolge der Konzentration der Bevölkerung nicht mehr jede Wirtschaft über einen Garten verfügen konnte, in dem man alle vegetabilen Erzeugnisse für den häuslichen Bedarf selbst produzierte. Diese Tätigkeit übernahmen die vor den Toren jeder größeren Stadt ansässigen Gärtner. Das Anlagekapital zu einem solchen Betriebe war anfangs nicht bedeutend. Grund und Boden als neben der Arbeit wichtigster Produktionsfaktor spielte noch nicht die Rolle, die er heute in der Nähe der Großstädte einnimmt. Der Bau der Gewächshäuser[2], soweit solche überhaupt vorkamen, und der Treibbeete verursachte keine großen Kosten, da der Prinzipal diese Arbeiten mit seinen Leuten meist selbst verrichtete. So wissen wir von einem der größten Gärtner Dresdens, daß er in den ersten Jahren nach der Gründung seiner jetzt zu einer Weltfirma gewordenen Gärtnerei selbsttätig für die Erneuerung und Erhaltung seiner Gewächshausanlagen eingegriffen hat. Noch nach Feierabend konnte man ihn in Gemeinschaft mit seiner Frau rührig bei der Arbeit sehen, um Fenster neu zu verglasen, zu streichen oder andere Arbeiten auszuführen. Die Gewächshausanlagen waren ursprünglich fast ausnahmslos gewöhnliche Holzhäuser mit Glasbedachung[3]; die Lage, Größe und Bauart derselben waren meist willkürlich gewählt. Diese Momente, sowie die Anzahl der verschiedenen Gewächshäuser, Treibbeete, Mistbeetkästen und anderer noch vorkommenden Anlagen

---

[1] H. Gebauer, Die Volkswirtschaft im Königreich Sachsen, Bd. I, S. 215; ferner: „Der Handelsgärtner", 1901, Nr. 40, und Jäger, in Viebahn, a. a. O. S 715.

[2] Der botanische Garten zu Leiden scheint 1599 das erste Glashaus für Pflanzen zum notdürftigsten Schutz gegen Winterkälte errichtet zu haben. Vgl. Falkenberg, S. 15/16 (Der Garten).

[3] Seltener aus Stein oder anderem Material hergestellt.

richteten sich selbstverständlich in erster Linie nach Art und Umfang des Betriebes und nach dem vorhandenen Kapital. Auch lokale Verhältnisse übten hierauf einen nicht unbedeutenden Einfluß aus. Im Winter wurden die einzelnen Häuser und Kästen zum Schutze gegen Kälte gehörig mit Stroh oder Laub verpackt. Zur Bedeckung der Glashäuser und -kästen verwandte man meist Strohdecken, die von den Gehilfen und Lehrlingen in den Abendstunden des Winters selbst angefertigt wurden.

Die Heizungsanlage[1], soweit solche überhaupt vorkam, war anfangs auch ganz primitiv. Sie bestand aus einem Feuerherde, von dem aus die Wärme durch einen Tonröhren- oder Backsteinkanal zog, der durch das ganze Haus gelegt war. Ebenso einfach war zunächst die Wasseranlage eingerichtet. Von einem etwas erhöht gelegenen großen Wasserbecken, das man anfangs durch eine Handpumpe, später dann vermittelst einer Windturbine füllte, wurde das Wasser in die verschiedenen kleineren Becken, aus Holz oder Stein bestehend, geleitet. Die Leitung war meist oberirdisch angelegt und bestand aus einfachen Blechrohren.

In allen diesen geschilderten Anlagen hat erst die neuere Zeit auf Grund der Erfahrungen und aus noch später zu besprechenden anderen Momenten und Gründen eine durchgreifende Wandlung geschaffen, die zu einer gewissen Einheitlichkeit in allen Betrieben geführt hat.

Die regelmäßigen Betriebsgrößen waren Allein- oder Kleinbetrieb. Fünf oder mehr Gehilfen waren eine große Seltenheit, höchstens in den schon spezialisierten Betrieben einiger Samenzentren bestanden Ausnahmen[2]. Namentlich wurden, wie dies auch heute noch in kleinen und mittleren Betrieben üblich ist, die Familienangehörigen, sogar die Kinder stark zur Arbeit mit herangezogen. Freilich bestand die Tätigkeit der jugendlichen Arbeitskräfte in leichter Gartenarbeit, z. B. in Unkrautjäten, eine jener Hauptbeschäftigungen der Kinder während der Sommerferien, im Zusammentragen von Pflanzen, die für den Markt am nächsten Tag zurecht gemacht werden mußten oder in anderen einfachen Beschäftigungen.

Die Gehilfen und Lehrlinge wohnten fast ausnahmslos im Hause des Betriebsinhabers und empfingen daselbst auch ihre Beköstigung. Das Verhältnis zu den Arbeitsleuten war also ein patriarchalisches, was schon das stete Zusammenarbeiten bedingte. Die Arbeitszeit dauerte verhältnismäßig lange; eine 12- bis 13-, ja sogar 14stündige Tagesleistung war nichts Seltenes, doch wechselte sie in ihrer Dauer je nach der Jahreszeit. Sie stieg vom Frühjahr zum Sommer und nahm gegen Herbst zum Winter hin ab. Der Lohn war gering und

---

[1] Von der Nürnberger Universität Altdorf wird 1656 ausdrücklich erwähnt, daß sie das erste heizbare Gewächshaus für Topfpflanzen in Deutschland besessen habe, das übrigens noch 1795 als eins der vollkommensten in Deutschland rühmend hervorgehoben wird. Vgl. Falkenberg, Der Garten, a. a. O., S. 16.

[2] Rümpler, Erfurts Land- und Gartenbau in seinen wichtigsten Entwickelungsmomenten. 1865, a. a. O., S. 53.

betrug in kleineren Städten meist einen Doppeltaler pro Monat nebst freier Station. Nur in größeren Städten, wie etwa in Dresden oder Leipzig[1], erhielt der Gehilfe im Durchschnitt 3 Taler und er mußte schon Tüchtiges leisten, wenn der Lohn auf 4 Taler ansteigen sollte.

In seinem Betriebe züchtete der Gärtner alle Pflanzen, für die er auf dem lokalen Markte Absatz erhoffen durfte: Blumen und Gemüse jeder Art. Die wichtigsten Blumen waren etwa: Lack, Fuchsien, Pelargonien. Viele der heute in Massen kultivierten waren noch nicht so weit eingebürgert, daß ihre Kultur einträglich genug gewesen wäre. Da der größte Teil des Publikums nicht kaufkräftig genug war, wurden seltene und teuere Blumen nur ganz selten gezüchtet. Man erhielt solche höchstens in den Hof- und Herrschafts-Gärtnereien, die sich zuerst mit der Kultur von exotischen Gewächsen befaßten.

Es versteht sich von selbst, daß wegen der Vielseitigkeit der Betriebe nicht zahlreiche Exemplare einer jeden Spezies von Blumen vorhanden sein konnten. Zur Zeit der Blüte wurden die Blumen in den meist im Inneren der Stadt befindlichen Laden ausgestellt oder auf den Markt gebracht, so daß das kaufende Publikum dadurch in den Stand gesetzt wurde, seinen Blumenbedarf direkt vom Produzenten zu decken. Neben den Blumen wurden gleichzeitig auch immer eine bestimmte Menge der verschiedensten Gemüsearten gezogen, im Freien oder in Treibbeeten.

Alle Gartenbauerzeugnisse, die auf den Markt kamen, machten den ganzen Produktionsprozeß in demselben Betriebe durch. Die gewöhnlichen Blumen- und Gemüsesämereien wurden ebenfalls im eigenen Betriebe produziert; nur die besseren und namentlich die neueren ließ man sich aus Erfurt oder Quedlinburg schicken[2].

Ferner bildete die Kranz- und Bukettbinderei eine bedeutende Quelle der Einnahmen und bedingte die Anzucht einer größeren Auswahl von Pflanzen zu Bindezwecken. Die Binderei und die damit verbundene Besorgung des Ladengeschäftes oblag in der Hauptsache den Frauen. Bei denjenigen Gärtnern, denen kein Laden in der Stadt zur Verfügung stand, wie das in der Regel bei den nur Gemüse bauenden der Fall zu sein pflegte, bezog die Frau ein oder mehrere Male wöchentlich den Markt der Stadt. Die Erzeugnisse wurden gewöhnlich auf Hundewagen in den frühesten Morgenstunden eingefahren, um schon vor Tagesanbruch abgesetzt zu werden. Daneben war man noch auf Kunden angewiesen, die in der Gärtnerei direkt einkauften.

Die eigentümliche Arbeitsteilung, wonach der Mann alle oder wenigstens die meisten der auf die Produktion bezüglichen Arbeiten übernahm, während die Frau sich den Anforderungen, die der Absatz der Produkte an das Geschäft stellte, widmete, ist auch noch heute vorzüglich in den Klein- und Mittelbetrieben anzutreffen.

[1] Pilz, 60 Jahre Gartenbau in Leipzig. Leipziger Tagebl., Nr. 586 vom 18. Nov. 1903.

[2] Rümpler, a. a. O. S. 77.

Diese soeben geschilderten Gärtner gehörten und gehören auch in der Gegenwart dem Mittelstande an. Bei persönlicher Tüchtigkeit und umsichtiger Geschäftsführung konnten sie zu bescheidener Wohlhabenheit gelangen. Die Konkurrenz — namentlich die des Auslandes — war unbedeutend. Nur in den größeren Städten zeigte sie sich merklich und veranlaßte hier schon frühzeitig die Betriebsinhaber, ihre Betriebe, soweit es möglich war, zu spezialisieren, so in Berlin, das schon ziemlich früh eine bedeutende Gärtnerei besaß. Diese verdankt ihre für die damalige Zeit hohe Stellung den vom Großen Kurfürsten nach der Aufhebung des Ediktes von Nantes (1685) im Lande aufgenommenen hugenottischen Flüchtlingen, welche die damals in Frankreich schon in großem Umfang betriebene Blumenzucht nach Deutschland verpflanzten[1]. Eine ganze Reihe von Namen, die auch heute noch in der deutschen Gärtnerwelt einen guten Ruf besitzen, weist auf diese Tatsache hin.

Die Gärtnerei konnte, wie wir gesehen haben, sich lukrativ nur in der Nähe der Städte entwickeln. Wo diese fehlten, war eine dauernde und lebensfähige Entwickelung nur in der Nähe solcher Gegenden möglich, die infolge ungünstiger klimatischer Lage, wie in Gebirgsländern, selbst keine Gartenprodukte anbauen konnten und infolgedessen ihren Bedarf aus denjenigen Gebieten decken mußten, die vom Klima und Bodenfruchtbarkeit mehr begünstigt waren. So bildeten sich schon frühzeitig an verschiedenen Stellen in Deutschland Gartenbauzentren aus, die im Laufe der Zeit eine weit über ihre Grenzen hinausgehende Berühmtheit erlangten. So Erfurt, das schon vom Mittelalter her als ein bekannter Gartenbauplatz von Bedeutung ist und für seine Gartenerzeugnisse, wie wir bereits gesehen haben, ein weites Absatzgebiet besaß. Aber auch an anderen Orten entstanden solche Gartenbauzentren, z. B. in den fruchtbaren Niederungen unweit der Stadt Liegnitz, von wo aus die Gebirgsgegenden Schlesiens ihren Bedarf an Gartenerzeugnissen deckten[2].

Im Königreich Sachsen, wurde die Umgegend von Dresden, die Lößnitz, der Sitz ausgedehnter Gärtnereien, die ihre Produkte nicht nur für den Dresdner Markt erzeugten, sondern die schon von jeher auch das ganze Erzgebirge mit Gartenerzeugnissen aller Art versorgten. Händler, die in großen Planwagen in jener Zeit, wo es noch keine Eisenbahnen gab, nach Dresden kamen, vermittelten den Verkehr mit dem Gebirge. Sie kauften im großen entweder auf dem Markte oder direkt in den Gärtnereien die frischen Waren ein, meist Radies und Rettiche und in den Sommermonaten Salat und Gurken und brachten sie in die Gebirgsstädte, wo sie die Waren an kleine Wiederverkäufer absetzten, von denen nun erst die Konsumenten ihren Bedarf decken konnten. Durch eine ganze

---

[1] Vgl. Wiedfeld, Statistische Studien zur Entwickelungsgeschichte der Berliner Industrie. Schmollers staats- u. sozialwiss. Forschung, XVI. Bd., 2. Heft, S. 408.

[2] Krünitz, a. a. O., S. 293.

Anzahl von Zwischenpersonen mußten hier also die Erzeugnisse gehen, ehe sie von den Produzenten in die Hand der Konsumenten gelangten. Das verteuerte selbstverständlich diese Waren ganz erheblich und machte sie teilweise zu Genußmitteln nur der wohlhabenderen Klassen der Bevölkerung jener Gegenden.

Ein Versandgeschäft, etwa über ganz Deutschland hin, wurde allein von den Gärtnereien betrieben, deren Hauptzweig der Samenhandel bildete.

Zweiter Teil.

Die allgemeinen Bedingungen für die moderne Entwickelung der Gärtnerei.

Die Spezialisierung war in der eben besprochenen Periode der Entwickelung der Gärtnerei, wie schon erwähnt, nur eine lokale und trat bloß vereinzelt auf. Sie machte sich zuerst überall dort bemerkbar, wo viele Gärtner ansässig waren.

Eine bedeutende, tiefgreifende Wandlung setzte im letzten Viertel des vorigen Jahrhunderts ein. Erst von dieser Zeit an kann man von einer wirklichen Spezialisierung sprechen, vorher waren es nur schwache Anfänge. Sie trat jetzt aber mit unbedingter Notwendigkeit in die Erscheinung, beschleunigt durch die gewaltigen Veränderungen unseres wirtschaftlichen Lebens.

Drei Faktoren: Der Einfluß des Verkehrs, die Zunahme der Bevölkerung und die Steigerung der Bodenpreise, sind es vor allen Dingen gewesen, die die Spezialisierung in einer die gärtnerischen Betriebsverhältnisse so umformenden Weise bedingt haben. Ihre bedeutungsvollen Einwirkungen näher kennen zu lernen und zu untersuchen, muß daher unsere nächste Aufgabe sein. Im Verlaufe dieser Untersuchung werden wir beobachten, daß auf den Einfluß des Verkehrs zunächst eine örtliche Spezialisierung, die sowohl einen nationalen als auch internationalen Charakter angenommen hat, und zweitens eine Produktionsteilung zurückzuführen ist, während die Zunahme der Bevölkerung eine Berufsspaltung hervorgerufen hat.

1. Der Einfluß des Verkehrs.

Die Ausbildung des Verkehrswesens, insbesondere die Entwickelung der Eisenbahnen, die auf allen Gebieten des wirtschaftlichen Lebens eine umfassende Umwälzung hervorgerufen haben, war auch von entscheidendem Einfluß auf die fernere Entwickelung der Gärtnerei. Sie ermöglichte es, daß die Spezialisierung sich zu einer nationalen, ja sogar internationalen gestalten konnte. Die Gartenerzeugnisse waren vorher wegen ihrer leichten Verderblichkeit, ihres meistenteils sehr geringen spezifischen Wertes und ihres umständlichen und schwierigen Transportes zur Versendung über weite Strecken durchaus ungeeignet[1]. Erst durch den Ausbau der Schienenwege konnten diese Schwierigkeiten überwunden werden. Es entstand nunmehr eine scharfe Konkurrenz von Betrieben verschiedener Gegenden und Länder, die gleiche Erzeugnisse auf den Markt werfen konnten. In diesem Wettkampfe hat sich nach und nach ein immer stärkeres Übergewicht derjenigen Gegenden herausgebildet, die infolge ihres günstigen Klimas und ihrer guten Bodenverhältnisse in den Stand gesetzt sind, besonderen Kulturen ihre Aufmerksamkeit dermaßen zuzuwenden und darin einen solchen Grad der Vollkommenheit zu erreichen, daß sie wegen der Güte und Billigkeit ihrer Produkte nahezu ausschließlich den Markt im In- und Auslande behaupten können. Es hat sich infolgedessen eine Konzentration der Produktion an einigen Hauptpunkten vollzogen, die in dieser Richtung eine dominierende Stellung in der gesamten Gärtnerei erlangt haben. In Deutschland ist die Entwickelung am weitesten natürlich in den schon genannten Gebieten Mitteldeutschlands vorwärts gegangen, in Sachsen genießt die Gegend von Dresden, namentlich in der Ziergärtnerei, einen weitverbreiteten Ruf. Aber auch noch an anderen Stellen Sachsens, wie in der Umgegend von Zittau, wo die Gemüsegärtnerei eine glänzende Entwickelung genommen hat, und von Leipzig sind bedeutende Stätten der gärtnerischen Produktion entstanden. Leider ist es nun jedoch nicht möglich, auch nur annähernd ziffernmäßig die Größe der Produktion anzugeben, da es in diesen Artikeln keine Produktionsstatistik gibt, die uns die Entwickelung vergegenwärtigen könnte.

Wohl können wir aber aus der Statistik über den auswärtigen Handel Deutschlands und zwar aus den Einfuhrzahlen deutlich ersehen, wie die einzelnen Zweige der gärtnerischen Produktion auch in außerdeutschen Staaten eine große Bedeutung erlangt haben. Sie zeigt, daß die Spezialisierung der Gärtnerei bereits eine internationale Ausdehnung erreicht hat, die sie — man kann ruhig behaupten — ausschließlich der Entwickelung des Verkehrswesens verdankt. Obwohl sich die Ziffern nur auf die Einfuhr der einzelnen Staaten nach Deutschland beziehen, geben sie doch einen, wenn auch nur unvollkommenen Anhalt für die Größe und Bedeutung der Gesamtproduktion der einzelnen Länder in diesen Artikeln. So konzentriert sich in den Niederlanden die Produktion von Küchengewächsen (Gemüse und eßbare Kräuter, Pilze, Wurzeln u. dgl.), worin sie alle anderen Staaten an Bedeutung übertreffen. Sie führten nach Deutschland im Jahre 1910 insgesamt 1284077 dz von diesen Gewächsen aus, wovon allein 553222 dz auf Rhabarber, Gurken, Karotten, Salat, Spinat und Schwarzwurzeln, 226441 dz auf Rot- und Weißkohl, 182851 dz auf Blumenkohl, Eierfrüchte, Bamien, Brüsseler Zichorie,

[1] Beispiel bei **Rümpler**, a. a. O., S. 39.

107660 dz auf Knoblauch, Kohlrabi, Lauch, Petersilie, Rettich, Sellerie usw., 94006 dz auf Bohnen und Erbsen entfielen. Andere Staaten, die eine nennenswerte Bedeutung im Gartenbau erlangt haben und ihre Produkte auch auf die deutschen Märkte bringen, sind: Österreich-Ungarn, das 1910 insgesamt für 395614 dz, Italien, das namentlich für die Erzeugung der feineren Gemüsearten wie Artischocken, Melonen, Pilzen, Rhabarber, Tomaten, Spargeln usw. in Frage kommt und insgesamt 354853 dz, ebenso Frankreich, das 156016 dz nach Deutschland exportierte. Ferner ist noch Ägypten erwähnenswert, das 195333 dz Zwiebeln einführte und damit den ersten Platz in diesem Artikel einnimmt. Bei letzterem Staate sieht man auch ganz deutlich, daß nur die Entwickelung des Verkehrswesens eine so bedeutende Produktion ermöglichte, damit sich die Absatzgebiete auf so entfernte Gegenden erstrecken konnten.

Bei den verschiedenen Zweigen der Ziergärtnerei läßt sich dieselbe Erscheinung wahrnehmen. Die Spezialisierung hat sich auch hier in einzelnen Gegenden der verschiedenen Länder besonders ausgebildet und ist dort zu so bedeutender Entfaltung gekommen, daß über den eigenen Bedarf hinaus produziert wird. Eine Ausfuhr ist deshalb zu einem unbedingten Erfordernis geworden. Es kommen in der Hauptsache wieder die schon genannten Staaten in Frage. Was die Gesamteinfuhr nach Deutschland anlangt, so steht wiederum Holland an erster Stelle. Es importierte 114709 dz, wovon 39614 dz auf Blumenzwiebeln, -Knollen und -Bulben aller Art, 47780 dz auf andere lebende Pflanzen und Pfropfreiser entfallen. An zweiter Stelle folgt Belgien, das für 66248 dz ausführte und in der Kultivierung von Palmen, indischen Azaleen, Lorbeerbäumen, Araukarien einen Weltruf genießt. Es führte davon nach Deutschland allein 43278 dz aus; ebenso bedeutend ist sein Ruf in der Produktion von Pflanzen aller Art in Töpfen, von denen es 3426 dz nach Deutschland exportierte. Was die Züchtung von Baumschulartikeln anlangt, so stehen Belgien und Holland auf gleicher Stufe, wenigstens was ihre Einfuhr betrifft. Forstpflanzen, Obstbäume, -Sträucher, Beerenobststräucher und -Stämme ohne Erdballen ferner Allee-, Park- und andere Zierbäume, Ziersträucher usw. ohne Erdballen und Rosenstämme werden von beiden Staaten insgesamt 29076 dz nach Deutschland importiert. An dritter Stelle steht Frankreich, das an Erzeugnissen der Ziergärtnerei 30246 dz nach Deutschland ausführte. Es kommt vor allem für die Züchtung von Schnittblumen aller Art zu Bindereizwecken in Frage, die es namentlich im Winter zur Ausfuhr bringt. An Nelken, Orchideen, Rosen und Veilchen führte es 13234 dz, an Flieder und an frischen Blumen, Blüten und Blütenblättern, Knospen zu Binde- oder Zierzwecken 11343 dz aus. Aber auch in der Kultivierung von Palmen, indischen Azaleen und Lorbeerbäumen genießt es einen hohen Ruf; davon gelangten 3160 dz zur Ausfuhr. Neben Frankreich konkurriert Italien in denselben Erzeugnissen, die Frankreich in so großen Massen produziert und auf den ausländischen, vorzugsweise deutschen Markt bringt. Seit der Eröffnung der Gotthardbahn ist es lebhaft in den Wettbewerb getreten. Seine Gesamtausfuhr nach Deutschland betrug 1910 22804 dz. Es kultiviert vor allem für den Export Bindegrün, wovon 16115 dz ausgeführt wurden, ferner Nelken, Orchideen, Rosen und Veilchen, wovon 4524 dz und Blumen und Blätter usw. zu Binde- oder Zierzwecken getrocknet, getränkt oder anders zubereitet, von denen 2165 dz zur Ausfuhr nach Deutschland gelangten.

Selbst der Samenbau, in dem Deutschland im allgemeinen mehr produziert, als es verbraucht, hat sich in verschiedenen Staaten so entwickelt, daß einzelne Sorten und Arten ihrer Erzeugnisse mit den deutschen in Wettbewerb getreten sind. Man kann aus der Statistik wiederum ersehen, daß auch in diesem Zweige der gärtnerischen Produktion eine örtliche Spezialisierung Platz gegriffen hat, die aber weniger auf die Entwickelung des Verkehrswesens zurückzuführen ist; denn Sämereien sind auch schon in früheren Zeiten, wie wir bereits gesehen haben, Gegenstand eines sich über weite Gebiete hin erstreckenden Handels gewesen. Es ist vielmehr der gesteigerte Konsum im allgemeinen, auf den wir im zweiten Punkt noch näher zu sprechen kommen werden die Ursache für die Entstehung neuer Produktionsstätten, deren Erzeugnisse auch auf deutschen Märkten Eingang gefunden haben. Wir behandeln aber diesen Punkt bereits hier, weil der Samenbau eine notwendige Ergänzung zu den übrigen Zweigen der gärtnerischen Produktion bildet, deren Entwickelung wir soeben geschildert haben; eine getrennte Behandlung würde den Zusammenhang, der doch zweifellos unter diesen Zweigen besteht, zerstören und daher auch die Übersicht über den hier unter dem Gesichtspunkt der örtlichen Spezialisierung zu behandelnden Gesamtgartenbau verwischen. Nach der Statistik nimmt Rußland die erste Stelle ein, was die Gesamteinfuhr nach Deutschland betrifft, die sich 1910 auf 40146 dz belief. Rußland produziert namentlich sehr viel Zuckerrübensamen, wovon es 25242 dz allein nach Deutschland ausführte, ferner Möhren- und Zichoriensamen, wovon 8315 dz, und Anis, Fenchel und Koriander, wovon 5505 dz zur Ausfuhr gelangten. An zweiter Stelle stehen die Niederlande. Sie führten insgesamt 27618 dz nach Deutschland aus. Es entfielen davon allein 20175 dz auf Kümmel, 5330 dz auf Gemüsesamen, 1896 dz auf Möhren- und Zichoriensamen und 217 dz auf Blumensamen. An dritter Stelle folgt Frankreich mit einer Gesamtausfuhr nach Deutschland von 17928 dz. Diese verteilen sich der Hauptsache nach folgendermaßen: 8759 dz auf Runkelrübensamen, 6472 dz auf Gemüsesamen, 2383 dz auf Möhren- und Zichoriensamen und 270 dz auf Blumensamen. Die vierte Stelle nimmt Österreich-Ungarn ein, das 8703 dz insgesamt nach Deutschland exportierte, wovon hauptsächlich 5904 dz auf Zuckerrübensamen, 1784 dz auf Anis, Fenchel und Koriander, 832 dz auf Gemüsesamen, 125 dz auf Dillsaat und Tabaksamen entfielen.

Der Entwickelung des Verkehrswesens ist also, wie wir soeben gesehen haben, eine örtliche, sowohl nationale wie internationale Spezialisierung der Gärtnerei zu verdanken. Aber noch eine weitere volkswirtschaftliche Erscheinung, die auch im Gartenbau sich Eingang verschafft hat, ist lediglich auf die großartige Entfaltung des Verkehrswesens und die fortdauernde Verbesserung seiner Einrichtungen zurückzuführen. Das ist die Produktionsteilung, jener wirtschaftliche Vorgang, bei dem der Produktionsprozeß, der sich bisher in derselben Wirtschaft vollzog, sich nunmehr auf mehrere von einander getrennt liegende Wirtschaften verteilt und dort zu Ende geführt wird.

So hat sich auch bei verschiedenen Pflanzen zwischen den Betrieben eine Teilung in der Weise vollzogen, daß die betreffenden Pflanzen von Beginn bis zu Ende ihrer Kultivierung ein oder mehrere Male örtlich von einander geschiedene Betriebe passieren, bis sie marktreif und konsumfähig sind. Die Gründe für eine derartige Produktionsweise können verschiedener Art sein. So können die Anfangsstadien der Züchtung gewisser Pflanzengattungen dafür maßgebend sein. Sie erfordern nämlich gerade in diesem Zustand besondere Vorrichtungen, genaue Kenntnis der Kultivierung, streng individuelle Behandlung und andere Manipulationen, die nicht überall durchführbar sind, sei es wegen ihrer Kostspieligkeit, oder sei es deshalb, weil ihre Durchführbarkeit an bestimmte lokale, von Klima und Bodenfruchtbarkeit bedingte Verhältnisse geknüpft sein kann. Diese Pflanzen werden dann in dem ersten Betriebe soweit kultiviert, bis sie einen Transport nach einer anderen Gärtnerei vertragen können. Hier werden sie entweder bis zu Ende gezüchtet, oder sie passieren noch einige andere Betriebe, bis sie konsumreif werden. In dem Momente, wo die Pflanzen von einem Betriebe in einen anderen übergehen, um dort einer weiteren Behandlung unterzogen zu werden, könnte man sie mit den Halbfabrikaten in der Industrie vergleichen. Dabei liegen die Betriebe, die einen Austausch in diesen Pflanzen vornehmen, oft sehr entfernt von einander. So beziehen viele Dresdner Gärtnereien alljährlich ganze Wagenladungen von Azaleen, Rhododendron und Palmen aus Belgien, die dort unter günstigeren Bedingungen bis zu dem Zeitpunkte, wo sie versandfähig werden, produziert werden können. Hier werden sie nun bis zum Konsum weiter kultiviert oder passieren vorher noch einige andere Betriebe. Diesen Vorgang kann man auch innerhalb der deutschen Gärtnereien beobachten. Selbstverständlich vollzieht sich der Austausch hier ebenso in der Weise, daß diejenigen Gärtnereien, die unter günstigeren Bedingungen produzieren, solche Betriebe mit ihren vorkultivierten Erzeugnissen versorgen, die unter erheblich schwierigeren Produktionsbedingungen arbeiten. So decken im Herbst viele Gärtner des Erzgebirges ihren Bedarf an lebenden Pflanzen mit Erzeugnissen, die in Dresdner Gärtnereien vorkultiviert worden sind. Diese haben sie dann in ihren wesentlich einfacher eingerichteten Gärtnereien nur noch bis zum Konsum für ihren eigenen Markt fertig zu züchten. Die Entstehung von großen Spezialgärtnereien, die sich lediglich mit der Kultur von nur einer oder einzelner Pflanzengattungen befassen, ist in der Hauptsache mit auf die Produktionsteilung zurückzuführen. Man produziert hier nicht nur für den Lokalbedarf, wie es früher mit wenigen Ausnahmen der Fall gewesen ist, sondern die Massenproduktion herrscht jetzt vor. Sie beansprucht natürlich ein weites Absatzgebiet. Die Abnehmer solcher Spezialgärtnereien sind ausschließlich wieder Gärtnereien, die deren Erzeugnisse in Massen abnehmen und weiterkultivieren; eine Gärtnerei leistet die Vorarbeit für die andere, bis die Erzeugnisse soweit kultiviert und an die Stelle gebracht worden sind, wo sie dem Konsum übergeben werden. So kann es vorkommen, daß eine Azalie in Belgien als Steckling gepflanzt und daselbst ein oder zwei Jahre gezüchtet, dann nach Dresden transportiert und hier vielleicht wieder ein oder mehrere Jahre kultiviert und schließlich nach Annaberg in eine Gärtnerei gelangt ist, wo sie bis zur Blüte gebracht wird und dem Verkauf an den Konsumenten entgegensieht. Wäre aber diese Produktionsteilung in diesem Umfange ohne die Entwickelung des Verkehrswesens möglich gewesen? Wohl kaum. Örtliche Spezialisierung und Produktionsteilung sind daher als eine notwendige Folge der Entwickelung und fortdauernden Verbesserung unseres Kommunikationswesens anzusehen. Es haben aber noch andere Faktoren im Spezialisierungsprozeß wesentlich mitgewirkt, die Gärtnerei umzugestalten, das ist zunächst:

2. Die Zunahme der Bevölkerung.

Die Bevölkerung mehrte sich stetig und mit ihr wuchsen auch die Bedürfnisse. Blumen z. B., die früher während der kalten Jahreszeit fast nur die bemittelteren Kreise kaufen konnten und die infolgedessen als Gegenstände des Luxus galten, wurden aus einem bloßen Luxusbedürfnis zu einem Anstandsbedürfnis, einem Kulturbedürfnis, das man heute ungern entbehren mag. Sie drangen immer weiter auch unter die weniger bemittelten Kreise der Bevölkerung. Sie sind dort oft heute noch die einzigen Schmuckstücke in deren Wohnungen.

Die Gärtnerei mußte von dieser Erscheinung um so mehr berührt werden, je gewaltiger sich die Agglomeration der Bevölkerung in den großen Städten vollzog. War es bisher möglich gewesen, wie wir gesehen haben, daß jeder Gärtner ohne Schwierigkeit mit allen oder doch den meisten Zweigen der gärtnerischen Produktion sich zugleich befassen, also nicht nur Gemüse, Blumen und Pflanzen jeglicher Art produzieren, sondern auch die Züchtung von Ziersträuchern und Bäumen in den Betrieb mit aufnehmen, die Landschaftsgärtnerei nebenbei ausüben und sogar vielleicht auch noch ein Ladengeschäft unterhalten konnte, so war dies unter den jetzt eintretenden neuen Verhältnissen nicht mehr durchführbar, wenigstens nicht in dem Maße und in der Nähe der Großstädte. Die vielen so entstandenen Mischbetriebe konnten in der alten Weise nicht weiter bestehen. Es mußte eine Trennung, eine Auflösung oder volkswirtschaftlich ausgedrückt: Berufsspaltung eintreten.

Diesem Teil des Spezialisierungsprozesses, den die Gärtnerei durchgemacht hat, wollen wir uns jetzt zuwenden. Wir lernen ihn am besten aus nachfolgender Statistik kennen, die wir nach Thalackers Adreßbuch für das Jahr 1910 ausgearbeitet haben.

Die Angaben beziehen sich nur auf das Königreich Sachsen. Von den daselbst 2310 namhaft gemachten Gärtnereibetrieben gab es im Jahre 1910:

1. Handelsgärtner . . . . 1532 = 66,32%
   von denen außerdem 163 eine Bl.[1] unterhielten
   „ „ „ 16 „ Sa. „
   „ „ „ 7 „ Bl. u. Sa. unterhielten
2. Landschaftsgärtner . . . . 150 = 6,50%
   von denen 24 eine Bl. unterhielten
   „ „ 1 „ Sa. „
3. Gemüsegärtner . . . . 247 = 10,70%
   von denen 1 eine Bl. und Sa. unterhielt
4. Baumschulen . . . . 47 = 2,03%
   von denen 1 eine Bl. und 1 eine Sa. unterhielt
5. Rosenschulen . . . . 19 = 0,82%
6. Handelsgärtner und Gemüsegärtner . . . . 62 = 2,68%
7. Handelsgärtner und Landschaftsgärtner . . . 70 = 3,03%
   von denen 8 eine Bl. und 4 eine Bl. und Sa. unterhielten
8. Handelsgärtner und Baumschulen . . . . . 48 = 2,07%
   von denen 4 eine Bl. und 3 eine Sa. unterhielten
9. Handelsgärtner und Rosenschulen . . . . . 24 = 1,04%
   von denen 4 eine Bl. und 2 eine Maibl.-Züchterei unterhielten
10. Baumschulen und Rosenschulen . . . . . . 19 = 0,82%

2218 = 96,01%

Der Rest besteht aus Mischbetrieben, die wir außerhalb der obigen Gruppierung ihrer Anzahl nach anführen wollen:

11. Ha., Fr. . . . . 29 = 1,26%
   von denen 17 nur reine Friedhofgärtnerei
   12 aber noch Ha. betrieben
   5 unterhielten außerdem noch eine Bl.

---

[1] Die Abkürzungen lauten für:

Handelsgärtnerei	Ha.
Blumenhandlung	Bl.
Schnittblumenversand	Bl.-V.
Samenhandlung	Sa.
Friedhofsgärtnerei	Fr.
Gemüsetreiberei	Ge.
Landschaftsgärtnerei	La.
Schnittblumenkulturen	Schn.
Maiblumenkulturen	Ma.
Baumschulen	Ba.
Rosenschulen	Ro.
Plantagen	Plant.

Betriebe	Anzahl	%
12. Ha., Ba., Ro.	10	= 0,43%
13. La., Ba.	9	= 0,39%
von denen 2 eine Sa. unterhielten		
14. Ha., Ba., La.	6	= 0,26%
von denen 2 eine Bl. und 1 eine Bl. und Sa. unterhielten		
15. Ge., Ba.	5	= 0,22%
16. La., Ge.	5	= 0,22%
17. La., Ba., Ro.	4	= 0,18%
18. Ha., La., Ro., Bl.	3	= 0,13%
19. Ha., La., Fr.	3	= 0,13%
von denen 1 eine Bl. unterhielt		
20. La., Ro.	3	= 0,13%
von denen 1 eine Bl. unterhielt		
21. Ha., Ge., La.	2	= 0,08%
22. Ha., Bl., Schn.	2	= 0,08%
von denen 1 eine Sa. und Bl.-V. unterhielt		
23. Ha., Ba., Ge.	1	} 0,48% (Nr. 23–33)
24. Ha., Ro., Fr.	1	
25. Ha., Ba., Ro., La.	1	
26. Ha., Ba., Ro., Ge.	1	
27. Ha., Ba., Ge., Schn.	1	
28. Ha., Ba., La., Ge.	1	
29. Ge., Ma., Schn.	1	
30. Ge., La., Fr.	1	
31. Ro., Fr.	1	
32. La., Fr.	1	
33. Plant.	1	
	92	= 3,99%

Vorliegende Statistik — das möchten wir nicht unerwähnt lassen und daher vorausschicken — weist mancherlei Mängel auf, so namentlich in der Aufzählung der Betriebe überhaupt und vielleicht auch in der Charakterisierung nach ihrer Spezialisierung. Ferner dürfte auch die Bezeichnung der Betriebe — wenigstens nach Ansicht verschiedener Gärtnerkreise — nicht ganz einwandfrei sein, wir mußten uns jedoch an sie halten, da die Arten so gekennzeichnet waren. Diese Mängel haben aber gar keinen Einfluß auf die Betrachtungen und Folgerungen, die wir aus dieser Statistik ziehen können. Die Statistik verschafft uns nämlich:

1. Ein anschauliches Bild von der bis auf den heutigen Tag bestehenden verschiedenartigen Zusammensetzung der Gärtnereibetriebe, der Fülle der noch existierenden Mischbetriebe.

2. Zeigt sie uns aber auch, schon bei oberflächlicher Betrachtung, ganz deutlich das Streben nach Spezialisierung, nach Auflösung dieser vielen Mischbetriebe in Einzelbetriebe.

ad 1. Wir sehen, 33 verschiedene Betriebsformen sind hiernach heute noch festgestellt, eine sehr große Anzahl, wenn man bedenkt, daß diese Arten innerhalb eines Berufes auftreten. Wenn auch die Nüancierung der einzelnen Arten untereinander oft nicht bedeutend, auch vielfach schwer anzugeben ist, so läßt sich doch die Tatsache nicht von der Hand weisen, daß auch heute noch eine große Vielseitigkeit in der Gestaltung der Gärtnereibetriebe besteht. Die Zahl wäre noch bedeutend größer, hätten wir nicht schon bei der Aufzählung eine Gruppierung in der Richtung vorgenommen, daß wir gleich von vornherein die Betriebe zusammengefaßt haben, die außer ihrem Gärtnereibetrieb als solchem noch eine Blumen- oder Samenhandlung oder beide zugleich nebenher betrieben. Wir haben aus dem Grunde davon abgesehen, weil ein Gärtnereibetrieb, der nebenher noch eine Blumen- oder Samenhandlung unterhält, nicht wesentlich anders geartet sein kann, als ein solcher, der eine derartige Erweiterung des Betriebes nicht besitzt.

ad 2. Von diesen 33 Betriebsarten nehmen die ersten zehn eine bedeutende Stellung ein, sie sind deshalb auch aus der allgemeinen Gruppierung herausgehoben. Ihre Bedeutung erhellt schon allein daraus, daß sie von allen Arten rund 96% ausmachen, sie stellen also heute die vorherrschenden Betriebsformen dar. Innerhalb dieser zehn Arten spielen aber wieder die Einzelbetriebe, nämlich die

Ha.	mit	1532	=	66,32%
Ge.	„	247	=	10,70%
La.	„	150	=	6,50%
Ba.	„	47	=	2,03%
Ro.	„	19	=	0,82%

die Hauptrolle. Sie machen zusammen 86,37% aller Betriebe überhaupt aus, während die fünf wichtigsten Mischbetriebe, nämlich: Ha. u. Ge., Ha. u. La., Ha. u. Ba., Ha. u. Ro. und Ba. u. Ro. nur mit 9,64% vertreten sind. In die nun noch verbleibenden rund 4% teilen sich 23 verschiedene Arten, von denen 11 überhaupt nur einmal vorkommen. Das beweist doch zur Genüge den Auflösungsprozeß, das Verschwinden der Mischbetriebe, die sich allmählich in Einzelbetriebe auflösen. Berufsspaltung hat also im weitesten Umfange Platz gegriffen. Wenn man nun auch einen Vergleich mit früheren Jahren, an dem man den Gang dieser Entwickelung hätte verfolgen können, aus Mangel an zuverlässigem und genügendem Material nicht anstellen kann, so glauben wir doch mit Sicherheit aus dieser Statistik den Schluß ziehen zu können, daß die Zahl der Mischbetriebe früher einen größeren Prozentsatz ausgemacht haben muß, ferner, daß die Entwickelung allmählich beschleunigt worden ist.

Mit der Zunahme der Bevölkerung steigerte sich naturgemäß von Jahr zu Jahr die Nachfrage sowohl nach vegetabilischen Nahrungsmitteln als auch nach Blumen und Pflanzen, den Erzeugnissen der Ziergärtnerei. Sie wurde ganz besonders gefördert durch den bedeutenden Aufschwung der Industrie und des Handels, die beide die Entwickelung der Städte zu Großproduktions- und Großhandels- und damit auch zu Großkonsumtions-Stätten zur Folge hatten. Einem größeren Teil der Bevölkerung als bisher wurde einerseits größerer materieller Wohlstand zuteil, andererseits wurden aber große Volksmassen — nämlich die in der Industrie und im Handel beschäftigte Bevölkerung — gänzlich von Grund und Boden getrennt. Der Verbrauch in diesen Artikeln stieg von Jahr zu Jahr ganz immens. Leider ist es nicht möglich, ihn auch nur annähernd ziffernmäßig zu bewerten, da es, wie wir bereits gesehen haben, keine Produktionsstatistik in diesen Artikeln gibt. Wohl aber gewähren uns wieder die Zahlen für die jährliche Einfuhr nach Deutschland ein Bild von der Größe und Steigerung dieses gewaltigen Konsums. Die deutsche Einfuhr betrug in den Jahren:

	Küchengewächse Gemüse aller Art	Blumen (Bukett) fr. od. getr.	Gewächse, Blumenzwiebeln, Georginen, Knollen usw.
1892:	667816 dz	18701 dz	61867 dz
1895:	825137 „	22096 „	79231 „
1900:	1574790 „	40573 „	117669 „
1905:	2021980 „	57064 „	244817 „
1910:	2522900 „	69628 „	191099 „

3. Die Steigerung des Bodenpreises.

Ein anderer Faktor, der deutlich seine Einwirkungen auf die Gärtnerei ausgeübt hat, ist die durch fortgesetzte Vermehrung der Bevölkerung hervorgerufene und namentlich in den letzten Jahrzehnten empfundene Steigerung des Bodenpreises. Dadurch ist die Gärtnerei, weil der Grund und Boden in und unmittelbar vor der Stadt für sie viel zu teuer geworden ist, als daß auf diesem der Betrieb noch rentabel genug wäre, immer mehr in die weitere Umgebung der Stadt hinausgedrängt worden[1]. Früher hat man geglaubt, diese Steigerung der Bodenpreise sei auf die Kulturtätigkeit des gärtnerischen Betriebes allein zurückzuführen, etwa weil dadurch die Fruchtbarkeit und die Bonität erhöht würden. Man hat hierüber Berechnungen angestellt und ein von einem Autor einmal angeführtes Beispiel mußte seinen Nachfolgern immer als Muster dienen[2]. Diese Meinung ist aber falsch. Lediglich die Zunahme der Bevölkerung, die die gewaltige Expansion der Städte zur Folge hatte, an deren Peripherie sich die Gärtnereien befinden, hat die Steigerung der Bodenpreise hervorgerufen. Inwiefern die Kulturtätigkeit eine Erhöhung

[1] Vgl. Wiedfeld, a. a. O., S. 409.
[2] Jäger in Viebahn, a. a. O., S. 718.

des Bodenwertes bewirken kann, läßt sich höchstens auf einem Gebiete richtig feststellen und berechnen, das fern von der städtischen Entwickelung gelegen ist[1].

Wenn früher die Regel war, daß ein Gärtnereibetrieb sehr lange an derselben Stelle blieb und daß der Eigentümer, wenn er sich aus dem Geschäftsleben zurückziehen wollte, seinen Betrieb entweder seinem Sohne übergab oder an einen anderen Gärtner veräußerte, so pflegt dies heute nur noch an kleineren Orten vorzukommen und ist in der Nähe der größeren Städte völlig als Ausnahme anzusehen.

Wer heute an der Grenze einer expansionsfähigen Großstadt eine größere Gärtnerei zu eigen hat, ist beatus possidens und hat Aussicht, ein wohlhabender Mann zu werden durch Verkauf seines Grundstückes für Bauzwecke. Er kann dann entweder in den Ruhestand treten oder in weiterer Entfernung von der Stadt auf billigerem Boden einen Betrieb mit bedeutend vermehrten und verbesserten Produktionsmitteln eröffnen.

Eingehende Untersuchungen und Berechnungen über diese besonderen Verhältnisse sind noch nicht angestellt worden. Es könnten hier nur die wenigen allgemeinen Forschungen über die Steigerung der Bodenpreise, die bisher für die einzelnen Städte gemacht worden sind, angeführt werden. Doch ist aus diesem nicht ersichtlich, inwiefern dabei die Gärtnerei mit beteiligt ist. Wir führen hier nur die Angaben von Damaschke[2] an nach einer Berechnung des Herrn von Nostitz[3] für eine Anzahl von Vororten, jetzt in der Mehrzahl einverleibter Vorstädte von Dresden; denn in diesen Orten war früher die Gärtnerei sehr stark vertreten und gab einigen sogar ihren besonderen Charakter als Gärtnerdörfer.

Es stieg danach in den Jahren 1879—99 der Preis des Quadratmeters Baulandes im Durchschnitt in den Vororten Deuben um 200, Kaditz 550, Reick 675, Cotta 1100 und Laubegast, das heute noch der Sitz zahlreicher gärtnerischer Großbetriebe ist, um 1300 Prozent.

Jedenfalls dürfte dem Gärtner, der sich jahrelang in schwerer Arbeit auf der Scholle abgemüht hat und ohne sein Zutun, man möchte sagen „stiller" Spekulant geworden ist, der Gewinn aus der Zuwachsrente eher zu gönnen sein, als jenen Leuten, deren ganzes Sinnen und Trachten nur darauf gerichtet ist, durch gewerbsmäßige Spekulation ohne Arbeit möglichst schnell zu Reichtum zu gelangen.

Wir wollen uns nun im folgenden zu einer Darstellung der wichtigsten Typen der modernen Betriebsformen in der Gärtnerei wenden.

Zuvor aber seien einige einschlägige Zahlen der Berufs- und Gewerbezählungen von 1882, 1895 und 1907 angeführt, die einen lehrreichen Einblick in die Entwickelung und volkswirtschaftliche Bedeutung der modernen Gärtnerei gestatten. In der „Kunst- und

[1] Vgl. Thünen, Der isol. Staat, I. Teil, S. 210.

[2] Aufgaben der Gemeindepol., 4. Aufl. 1904, S. 113.

[3] „Kommunalbesteuerung in den Vororten" in Fischers Zeitschrift für Praxis u. Gesetzgebg. der Verwaltg., zunächst f. das Kgr. Sachsen, XXI., S. 193ff.

Handelsgärtnerei, einschließlich der damit verbundenen Blumen- und Kranzbindereien und Baumschulen“, zählte man im Deutschen Reiche an erwerbstätigen Personen:

	m.	w.	zus.
1882:	50201	4967	55168
1895:	92916	15546	108462
1907:	123639	27081	150670

Von 1882 bis 1895 betrug demnach die Zunahme insgesamt 96,6%; von 1895 bis 1907 gleich 38,91%.

Die verhältnismäßig große Zahl der beschäftigten weiblichen Personen rührt daher, daß die in den Gärtnereien angestellten Blumen- und Kranzbinderinnen, sowie diejenigen, welche in den gewerbsmäßigen Blumenhandlungen mit Bindereibetrieb angestellt sind, bei der Statistik mitgezählt worden sind.

An Betrieben zählte man:

1882:	15977	Hauptbetriebe
1895:	24768	„
1907:	34696	„

Hier beträgt die Gesamtzunahme von 1882 bis 1895 gleich 55%, von 1895 bis 1907 gleich rund 40%. Danach ist die steigende nationale Bedeutung dieses Gewerbestandes eine augenscheinliche und ganz hervorragende. Welche wichtige Stellung die Gärtnerei speziell im Königreich Sachsen und überhaupt im deutschen Wirtschaftsleben einnimmt, ersieht man deutlich, wenn man die 4 Königreiche mit einander vergleicht. Danach gab es im Jahre 1907

in Preußen	92482	erwerbstätige Personen
„ Bayern	11839	„ „
„ Sachsen.	13073	„ „
„ Württemberg . .	4446	„ „

und an Betrieben zählte man in demselben Jahre:

in Preußen	22335
„ Bayern	2988
„ Sachsen.	3052
„ Württemberg	1255

Wir sehen daraus, Sachsen steht in beiden Fällen an zweiter Stelle. Es ist hiermit der Beweis geführt, daß es im deutschen Gartenbau eine führende Stelle einnimmt.

In Anbetracht dieser Bedeutung hat man im vorigen Jahre am 23. Mai eine Spezialerhebung der Gärtnereibetriebe im Königreich Sachsen vorgenommen. Bis heute liegt nur ein vorläufiges Ergebnis vom 8. November 1911 über Zahl, Größe und Gesamtpersonal vor.

Danach wurden insgesamt 3776 Betriebe gezählt, worunter sich 3563 mit verwertbaren Gartenerzeugnissen befanden.

Sie verteilen sich auf die einzelnen Kreishauptmannschaften wie folgt:

1. Kr.	Dresden:	1368	darunter mit verwertb. Gartenerzeugnissen:	1301
2. „	Leipzig:	1087	„ „ „ „	1021
3. „	Bautzen:	536	„ „ „ „	522
4. „	Chemnitz:	424	„ „ „ „	384
5. „	Zwickau:	361	„ „ „ „	335
		3776		3563

Seit 1907 beträgt demnach die Zunahme 724, das sind 23,7%. Von den 3776 Betrieben waren 2983 für deren Inhaber Hauptberuf, 793 übten die Gärtnerei als Nebenberuf aus.

Was die Betriebsgröße betrifft, so unterscheidet die Statistik drei für verschiedene Zwecke verwendete Flächen. Danach betrug

1. die zum Anbau verwertbarer Gartenerzeugnisse benutzte Fläche	3469,20 ha
2. die Fläche der Ziergärten, Schmuckanlagen, Parke und Rasenflächen . .	3044,73 „
3. die Fläche der Wohn- und Wirtschaftsgebäude, Hof u. dgl.	388,88 „
insgesamt	6902,81 ha

Die durchschnittliche Betriebsgröße beträgt demzufolge 1,82 ha; berücksichtigt man aber nur die für den ersten Zweck verwendete Fläche, so ergibt sich als Durchschnittsfläche 0,91 ha. In den Kreishauptmannschaften Dresden und Leipzig beträgt sie 1,04 ha.

An beschäftigten Personen wurden insgesamt 17185 gezählt, nämlich 12415 männliche und 4770 weibliche. Bemerkenswert ist wiederum die verhältnismäßig hohe Zahl beschäftigter weiblicher Personen, die sich aus schon erwähnten Gründen erklärt. Auf einen Betrieb entfallen demnach durchschnittlich 4,5 Personen (3,3 männliche und 1,2 weibliche). Für die Kreishauptmannschaft Dresden lauten die entsprechenden Zahlen: 5,0 im Durchschnitt (3,6 männliche, 1,4 weibliche); für die Kreishauptmannschaft Leipzig: 4,7 im Durchschnitt (3,1 männliche und 1,6 weibliche). Unter den 12415 männlichen Personen waren 4394 gelernte Gärtnergehilfen, einschließlich der Lehrlinge.

Soweit die Angaben des vorläufigen Ergebnisses. Eine weitere Untersuchung läßt sich erst nach der Veröffentlichung der vollständigen Bearbeitung des Materials seitens des statistischen Amtes ausführen.

Wie sich die Verhältnisse in den Gärtnereien zwischen Groß-, Mittel- und Kleinbetrieb stellen, zeigt folgende Statistik. Von den Hauptbetrieben der Jahre 1895 und 1907 waren:

	1895	1907	
Alleinbetriebe	11314	10569	— 6,58%
Betriebe mit 2 bis 5 Personen	11040	20276	+ 83,66%
„ „ 6 „ 10 „	1772	2721	+ 53,55%
„ „ 11 „ 50 „	595	1009	+ 69,58%
„ „ 51 „ 200 „	40	107	+ 167,50%
„ über 200 „	7	14	+ 100%
zusammen:	24778	34696	

Hieraus folgt, daß auch in der Gärtnerei, obwohl die Klein- und Mittelbetriebe noch bei weitem die Mehrzahl bilden, die großkapitalistischen Unternehmungsformen von Jahr zu Jahr immer mehr an Bedeutung gewinnen.

Dritter Teil.

Die einzelnen Zweige der Gärtnerei.

Diejenigen Faktoren, die die gewaltigen Umwälzungen in der Gärtnerei hervorgerufen haben, sind im vorigen Abschnitt Gegenstand der Behandlung gewesen. Um die Entwickelung zu vervollständigen und abzuschließen, lassen wir in diesem Abschnitt eine Darstellung der zwei ersten Hauptarten der modernen Betriebsformen folgen, soweit es im Rahmen einer Abhandlung möglich ist. Wir unterscheiden allerdings insgesamt fünf Hauptformen:

1. Die Gemüsegärtnerei. Als Anhang dazu den landwirtschaftlichen Gartenbau.
2. Die Blumen- und Ziergärtnerei.
3. Die Baumschulengärtnerei.
4. Die Samenbaugärtnerei.
5. Die Landschaftsgärtnerei.

Von einer Darstellung aller fünf Arten muß wegen der Fülle des Stoffes abgesehen werden. Zur Charakteristik dieser fünf Hauptformen sei nur folgendes bemerkt. Die vier erstgenannten bilden eine Gruppe für sich insofern, als ihr Produkt die Pflanze als solche bzw. ihr Same ist, während das Produkt der Landschaftsgärtnerei der Garten selbst ist. Innerhalb der ersten Gruppe kann man nun die beiden ersten Betriebsformen wiederum zusammenfassen, indem deren Erzeugnisse Endprodukte sind, insofern nämlich als sie keiner weiteren spezifisch gärtnerischen Bearbeitung mehr bedürfen, sobald sie den Gärtnereibetrieb verlassen. Hingegen die Erzeugnisse der Baumschulen- und Samenbaugärtnerei sind in der Hauptsache nur als Vorprodukte zu betrachten, die in anderen Betrieben eine fernere Bearbeitung erheischen.

Wie stark jede der angeführten Betriebsform nun vertreten ist, läßt sich durch Zahlen nicht feststellen, da unsere Gewerbestatistik noch nicht soweit spezialisiert ist. Sie faßt alle diese Betriebsformen noch unter dem alten, heute gar nicht mehr gebräuchlichen Namen „Kunst- und Handelsgärtnerei, einschließlich der damit verbundenen Blumen- und Kranzbinderei und Baumschulen“ zusammen. Es wäre sehr wünschenswert, wenn man endlich den veränderten Verhältnissen auch hier Rechnung tragen und eine Spezialisierung in obigem Sinne einführen würde. Freilich ist es ja nun in der Praxis sehr schwer, alle vorkommenden Betriebe in dieses Schema einzuziehen, weil es außer diesen fünf Arten, wie wir ja oben gesehen haben, noch sehr viele Mischbetriebe gibt, auf denen eine der angegebenen Bezeichnungen schwerlich passen würde. Der Betriebsinhaber käme dann arg in Verlegenheit bei der Frage der Einregistrierung seines Betriebes in die Gewerbelisten, zu welchen Betriebsformen er sich rechnen sollte. Alle Arten aber von Betriebsformen, die überhaupt möglich sind, in der Statistik zu berücksichtigen, ist ein Unding. Es könnte dieser Schwierigkeit nur dadurch abgeholfen werden, daß die Betriebsinhaber von Mischbetrieben gezwungen würden, sich bei Einregistrierung in die Listen für diejenige Betriebsform zu entscheiden, der sie am nächsten stehen, vielleicht noch mit dem Zusatz Mischbetrieb, oder es müßte eine besondere Spalte für die Mischbetriebe eingerichtet werden. In der Bezeichnung der Betriebe besteht in der Praxis die größte Inkonsequenz, es wäre auch hier erwünscht, wenn man sich seitens der Betriebsinhaber zu einer einheitlichen Bezeichnung der einzelnen Betriebsformen entschließen könnte. Eine Reform in dieser Beziehung ist schon von seiten des Gartenbauausschusses beim Landeskulturrate für das Königreich Sachsen angestrebt worden. Wir kommen auf diese Fragen bei Behandlung der Interessenvertretung der Gärtnerei nochmals zurück.

1. Die Gemüsegärtnerei.

Wenn man im allgemeinen von Gemüsegärten spricht, so meint man solche Gärten, in denen das Haus gewöhnlich für seinen Bedarf das Gemüse ohne Verwendung der künstlichen Mittel heranzieht, die die Gärtnerei gewöhnlich benutzt. Der Gemüsegarten ist fast überall vertreten, besonders auf dem Lande, auch unter reiner Landbevölkerung, wo gar kein Absatz vorhanden ist, sondern die Produkte nur zur Ergänzung der übrigen Nahrungsmittel dienen[1]. Man beschränkt sich dabei auf die notwendigsten gröberen Gemüse und Kräuter, die unter fast allen Bedingungen angebaut werden können, und deren Pflege auch schon in den Hausgärten unserer Vorfahren stattfand[2].

Die Gemüsegärtnerei hingegen, die besseres leisten will, setzt für ihr Dasein gewisse Bedingungen voraus. In erster Linie verlangt sie ein nicht zu rauhes Klima, dann ist guter Boden erforderlich; am besten eignen sich humöse Bodenarten.

[1] J. G. Krünitz, a. a. O., S. 149.
[2] K. Lamprecht, Deutsches Wirtschaftsl. im Mittelalter, I., S. 403.

Ein weiteres wichtiges Erfordernis ist eine gute Bewässerung, ohne die man Gemüse, wenigstens bessere Sorten, nicht ziehen kann. Für manche Kulturen, z. B. Zwiebeln und Spargel, genügt unter Umständen das Regenwasser, aber wenn dieses nicht in zureichender Menge sich einstellt, sind sie in trockenen Zeiten, vornehmlich in den Anfangsstadien, der Gefahr der Verdorrung ausgesetzt.

Eine andere conditio sine qua non ist reichlicher Dünger, denn die Kräfte des Bodens werden aufs äußerste in Anspruch genommen und bedürfen eines ständigen Wiederersatzes. Da die großen Städte diesen Bodenersatz in hohem Maße bieten, und da sie außerdem die Hauptabnehmer der Gartenerzeugnisse sind, so ist in der Regel jede größere Stadt, wo Boden und Klima einigermaßen geeignet sind, mit einem Gürtel von Gemüsegärtnereien umgeben. Roscher[1] bezeichnet das gänzliche Fehlen solcher Gärtnereien geradezu als ein Krankheitssymptom. Wie wir bereits oben ausgeführt haben, sind naturgemäß Gemüsegärtnereien auch in solchen Gegenden entstanden, die nicht unmittelbar in der Nähe ihrer Absatzgebiete liegen, wo aber die Produktionsbedingungen, also Klima, Boden und Wasser besonders günstig sind. Sie produzieren selbstverständlich nicht alle Gemüsearten, sondern beschränken sich meist auf gewöhnlichere Sorten und spezialisieren sich in diesen. Der Hauptvorteil liegt dabei in der Vereinfachung des Betriebes und in der großen Geschicklichkeit die der Arbeiter erlangt. Die Erzeugnisse gewinnen dadurch an Ruf, und es darf auf guten Absatz gerechnet werden. Gutgeleitete Mittelbetriebe sind hierbei am leistungsfähigsten. So sind manche Gegenden durch ihre Spezialprodukte zu hoher Berühmtheit gelangt. Es würde zu weit führen, wollte man alle aufzählen und die Spezialitäten nennen, durch deren große Vollendung sie sich auszeichnen. Wir beschränken uns an dieser Stelle nur auf die bekanntesten. So haben Guben und Lübbenau, ebenso Liegnitz im Gurkenbau, Erfurt, Magdeburg, Braunschweig, Bamberg, Ulm, Stuttgart im Kohlbau, Borna und Zittau in Sachsen im Zwiebelbau eine weit über ihre Grenzen hinausgehende Berühmtheit erlangt. Im Spargelbau genießen die Umgegenden von Mainz, Bamberg, Schwetzingen und Braunschweig einen großen Ruf, ebenso noch einige Gegenden Süddeutschlands, in erster Linie das Elsaß[2]; ferner die Umgebung von Dresden und Leipzig[3], wo er schon sehr früh einsetzt. Meerrettich gedeiht am besten in der Umgebung von Bamberg[4].

Der Gärtnereibetrieb ist in den durch Spezialkulturen bekannten Gegenden extensiver und weist dort mehr Ähnlichkeit mit der Landwirtschaft auf als in der Nähe der Großstädte. Bei jenem kann mit Vorteil Pflug und Egge verwendet werden, bei diesem ist es nur in seltenen Fällen rätlich. Der Spezialbetrieb kann, weil er auf billigerem

---

[1] Nationalökonomie des Ackerbaues, S. 190.
[2] Handelsgärtner 1900, Nr. 21.
[3] Der kunstlose Spargelbau in den Kohlgärten bei Leipzig. Archiv für Landwirte 1816, S. 33.
[4] A. Haupt, a. a. O., S. 16.

Boden und mit relativ weniger Betriebsmitteln und geringerer Arbeitsintensität produziert, zu niedrigeren Preisen seine Erzeugnisse liefern, als der Betrieb in der Nähe der Großstadt. Letzterer muß, um rentabel zu bleiben, mit künstlichen Mitteln arbeiten, indem er das Wachstum der Pflanzen beschleunigt, um sie, bevor die Konkurrenten mit ihren Produkten auf dem Markte erscheinen können, bereits an die Konsumenten gebracht zu haben.

Um die Treiberei wirksam durchzuführen, bedarf es einer Anzahl Einrichtungen, die schon ein beträchtliches Kapital voraussetzen. Von Grund und Boden soll wegen der großen Verschiedenheit und des dadurch bedingten Preises abgesehen werden. Ferner soll die Frage nicht weiter erörtert werden, wie groß die Fläche sein müsse, damit eine Familie durch den Betrieb der Gemüsegärtnerei vollständigen Unterhalt gewinnen könne, ohne einen Nebenberuf ausüben zu müssen. Bei dieser Frage sind sehr verschiedene Faktoren zu berücksichtigen, die an jedem Platze anders wirken, so daß man immer eine Antwort erhält, die nur für bestimmte Gegenden paßt. Als Durchschnittsgröße für einen intensiven Gemüsegärtnereibetrieb darf man etwa $^2/_3$ bis 1 ha ansehen; je größer dabei das verfügbare Anlagekapital ist, um so vorteilhafter ist es für den Betrieb.

Zum Verständnis wollen wir im nachfolgenden den Betrieb einer Gemüsegärtnerei veranschaulichen und dabei auch die Kosten berücksichtigen, die eine auf etwa 7000 qm Fläche betriebene Gärtnerei bei Neueinrichtung verursacht. Als Typus und Vorbild mag dabei eine der vielen Gemüsegärtnereien dienen, die um Dresden herum gelegen sind. Es kann aber bemerkt werden, daß diese Art der Betriebe in den verschiedenen Zentren nicht erheblich von einander abweicht.

Ist der Gärtner Eigentümer des Grund und Bodens, so entstehen, abgesehen vom Wohnhaus, der Umzäunung, der Schuppen und Stallgebäude, die bedeutendsten Kosten durch den Bau eines Brunnens, der das ganze Jahr hindurch, auch in den trockensten Zeiten, Wasser geben soll. Einen solchen anzulegen, kostet bei günstigem Wasserstand, wenn er etwa 10 m tief ist, 5—800 M. Sind die Wasserverhältnisse ungünstiger, etwa wenn die Gärtnerei hoch liegt und der Untergrund aus festen Gesteinsmassen besteht, so steigern sich die Kosten um vieles. Das Wasser aber dann etwa aus den Gemeindeleitungen beziehen wollen, um die Kosten für einen Brunnen zu sparen, wäre erheblich kostspieliger, wenn man bedenkt, daß pro Kubikmeter durchschnittlich 0,20 M. zu zahlen und an heißen Tagen ungefähr 100 cbm Wasser nötig sind. Eine andere Schwierigkeit liegt dabei noch in dem Umstande, daß in trockenen Zeiten, wenn die Leitung nicht genug Wasser liefern kann, die Verwaltungen den Verbrauch zum Gießen verbieten.

Ist der Untergrund schwer zu bewältigen, so wird der vollständige Ausbau nur bis zu einer je nach den Umständen wechselnden Tiefe vollzogen und daran ein sogenannter artesischer Brunnen angeschlossen. Es existieren in der Umgebung von Dresden solche bis zu einer Tiefe von 50 m, deren Anlage 3—4000 M. beansprucht.

Das Wasser wird mit Dampf-, Gas-, Petroleum-, in neuerer Zeit auch mittelst Elektrizitäts-Motoren in die Höhe gepumpt. Verwendet man Pferde im Betriebe, so wird auch vielfach ein Göpel errichtet, und man hebt das Wasser durch Pferdekraft. Früher waren auch Windturbinen stark im Gebrauch, aber von diesen ist man immer mehr abgekommen, weil ihnen die wichtigste Eigenschaft fehlt, nämlich, daß sie dann in Gang gebracht werden, wenn man ihrer Tätigkeit bedarf. Bei großer Sommerhitze weht aber vielfach kein Wind, infolgedessen steht die Turbine still, und man muß mit Menschenkraft eingreifen, will man die Kulturen nicht verdorren lassen. Dieser Kalamität sucht man durch Aufstellung großer Behälter vorzubeugen; dadurch werden aber dann die Turbinenanlagen zu kostspielig und unrentabel.

Das Wasser wird durch eine Röhrenleitung in die zur Aufnahme bestimmten Behälter gedrückt. Gewöhnlich wird auf einen steinernen Unterbau ein größerer eiserner Behälter mit mehreren Kubikmetern Inhalt aufgestellt, damit man stets Wasser zur Verfügung und dieses den nötigen Druck hat, um daraus von selbst in die anderen, in der Regel kleineren Behälter geleitet zu werden. Vielfach jedoch, namentlich dann, wenn man einen Motor hat, drückt man das Wasser mit derselben Kraft weiter, die es gehoben hat und erspart so die Kosten für den Bau. Der künstliche Druck ist stärker und hat den Vorzug, daß durch Sprengen mit dem Schlauche schnell eine größere Fläche benetzt werden kann. Als kleinere Behälter dienen Zement- oder Steinbassins oder einfache große Holzfässer. In der Neuzeit verwendet man auch vielfach Fässer aus Drahtnetzbeton, die der Betriebsinhaber leicht selbst mit seinen Leuten anfertigen kann. Die Kosten für etwa zwölf solcher Behälter samt der Leitung schwanken je nach der Ausführung zwischen 700—1000 M.

Einen wichtigen Faktor in der Gemüsegärtnerei bilden die Treib- oder — wie der terminus technicus lautet — „Mistbeete“. Sie sind meist so angelegt, daß die Mittagssonne gerade hineinscheint, d. h. sie liegen genau nach Süden. Die Anlage ist sehr einfach. Früher verwendete man ausschließlich Holzmaterial zu ihrem Bau. Heute wird wegen der größeren Dauerhaftigkeit vielfach Zement bevorzugt, der in den Fabriken schon soweit präpariert ist, daß der Betriebsinhaber ohne Schwierigkeit die Ausführung des Baues mit seinen Leuten selbst übernehmen kann. Verwendet man Holz, so werden in etwa $1^1/_4$ m Abstand Pfähle in den Boden gerammt und an diese Bretter angeschlagen. In der Mitte geht eine ebenfalls auf Pfählen ruhende Latte, Brücke genannt, hin, die etwas höher liegt, gewöhnlich 15 cm höher als die Seitenwände sind, so daß die Fenster nach beiden Seiten hin schräg abfallen. Die Beete werden durch die Brücke in zwei Hälften geteilt, die der Sonne zugewendete heißt „Unter-“, die abgekehrte „Oberbeet“, resp. Vorder- und Rückseite. Sie sind etwa 18 m lang (gewöhnlich 4 Brettlängen à 4,50 m) und 3 m breit. Man unterscheidet ferner warme und kalte Beete, je nachdem die Wärme unter den Fenstern durch die Sonnenstrahlen oder künstlich durch Pferdedünger erzeugt wird. Im letzteren Falle schachtet man das ganze Treibbeet ungefähr 40—50 cm tief aus. In diese Ausschachtung bringt man dann den warmen Pferdedünger, auf diesen eine ca. 10 cm dicke Schicht Humuserde, in welcher die zu produzierenden Gewächse kultiviert werden. Die Mistbeete werden in der Regel mit Holzrahmenfenstern belegt. Ein solches Fenster hat gewöhnlich die Größe von 90 × 130 cm, so daß je 20 Stück auf Unter- und Oberbeet zu liegen kommen. Das Ausbessern der beschädigten Fenster ist eine Arbeit, die vielfach der Gärtner selbst mit seinen Leuten in den wenig Beschäftigung gebenden Wintermonaten verrichtet.

Nachts werden die Beete entweder mit Brettern oder Matten gedeckt, im Winter außerdem mit Düngerversätzen umgeben, um die Kulturen vor Frost zu schützen. Eine Gemüsegärtnerei von 7000 qm hat ungefähr 20—30 solcher Mistbeete mit 800—1200 Fenstern. Die Kosten für ein Beet inklusive Fenster stellen sich auf ca. 600 M., wenn es aus Holz, auf ca. 1000 M., wenn es aus Zement gebaut ist.

Zur Düngung des Bodens wird in erster Linie Naturdünger verwendet, von dem wiederum der Pferdedünger am meisten bevorzugt wird, da er wegen der Wärme, die er entwickelt, erst in den Treibbeeten, sodann, wenn er dort verfault ist und keine Wärme mehr abgibt, zur Düngung des freien Landes benutzt werden kann. Früher schloß man gewöhnlich mit den Stallbesitzern Verträge ab, lud den Dünger selbst auf den Wagen und ließ ihn dann nach dem Garten bringen oder holte ihn auch selbst mit eigenem Geschirr ab. Dieser Modus ist aber im Verschwinden begriffen. Jetzt haben das Geschäft der Düngerversorgung meist die in den großen Städten überall bestehenden Grubenräumungs-Gesellschaften übernommen, von denen man den Pferdedünger in einzelnen Fuhren gegen bar oder Ziel auf Kontrakt mit viertel- oder halbjährlicher Kündigung bezieht, ohne daß man die Mühe hat, für Laden und Anfahren selbst zu sorgen. Freilich ist dadurch der Bezug auch teurer geworden. Es werden im Jahre gegen 20 Ladungen von je etwa 50 Ztr. gebraucht, die mit dem Transport auf 5 km Entfernung von der Ladestelle je 25—30 M. kosten. Neben dem Pferdedünger werden auch Fäkalien verbraucht; die Verwendung von Kunstdünger ist dagegen noch wenig üblich und findet nur vorsichtig Eingang.

Wiederholt hat man für den gemeinsamen Bezug von Dünger und anderen notwendigen Produkten Genossenschaften zu gründen versucht. Doch sind die Versuche in früheren Jahren meist fehlgeschlagen, und das Genossenschaftswesen hat auch gegenwärtig in der Gärtnerei nur wenig Ausbildung erlangt, wenngleich ihm in Wort und Schrift beredte Förderer entstanden sind[1]. In Coswig bei Dresden besteht seit jüngster Zeit eine Einkaufsgenossenschaft.

[1] Z. B. Njemetzki, Die Industrialisierung der Landwirtschaft. Berlin 1901, S. 222; ferner H. Pudor in einem Artikel: „Gärtnereigenossenschaften" in der deutschen landwirtschaftl. Genossenschaftspresse vom 30. Sept. 1900. Seine optimistischen Anschauungen unterliegen lebhaftem Zweifel. Vgl. ferner T. J. Rud. Seidel, Der Gartenbauverband in früheren und künftigen Tagen. Florabericht 1904/05, S. 20ff.

Die Sämereien werden, was die Hauptprodukte betrifft, im eigenen Betriebe gezogen, während solche, die man nur in geringen Quantitäten braucht, vom Samenhändler in der Stadt gekauft oder direkt aus den großen Samenzüchtereien Erfurts, Quedlinburgs usw. bezogen werden. Häufig verteilen die Gartenbauvereine an ihre Mitglieder solche Sämereien zu Versuchen, die in ihrem Bezirke noch nicht allgemein angebaut werden.

Befindet sich ein genügendes Absatzzentrum in allernächster Nähe des Betriebes, so beschäftigt sich die Gemüsegärtnerei gewöhnlich mit dem Anbau aller im Freien oder in Beeten wachsenden frischen Gemüse, für die Absatz erwartet werden kann.

Die wichtigsten Produkte sind die frischen Gemüse des täglichen und des sogenannten Saisonbedarfes wie Salat, Radies, Rettiche, verschiedene Kohl- und Wurzelgewächse, Zwiebeln, Bohnen, Porree, Gurken, Spinat usw. Außerdem werden Gewürzgewächse, so Estragon, Dill, Majoran, Thymian, jedoch in beschränktem Umfange gezogen. Der vorzugsweise Anbau von Wurzelkräutern und Pflanzen zu Medizinalzwecken im gärtnerischen Betriebe, wodurch in früheren Zeiten die Bamberger Gärtnereien ihre einzigartige Stellung erlangt hatten, ist jetzt verschwunden. Deren Stelle haben andere Produkte eingenommen. Koriander, Anis, Süßholz sind heutzutage nur in verschwindendem Maße Produkte der heimischen Gärtnerei, man führt sie entweder vom Auslande (Holland) herein oder sie sind durch bessere und billigere Arzneipflanzen abgelöst worden.

Bei der Mannigfaltigkeit der Produkte muß jeder Gärtner in erster Linie sein Augenmerk auf eine geschickte Anordnung und Auswahl der Sorten richten. Je näher dabei die Gärtnereien dem Absatzzentrum gelegen sind, um so mehr sind sie in der Lage, sich den vorhandenen Konsumtionsbedingungen anzupassen.

Ein derartiger Betrieb kann auch mit Vorteil solchen Produkten seine Aufmerksamkeit zuwenden, die, sobald sie in das Stadium der Reife gelangt sind, ohne Verzug abgesetzt werden müssen, um nicht an Wohlgeschmack und Güte einzubüßen. Deshalb findet man z. B. die im Winter betriebene Champignonzucht, wozu man besondere Baulichkeiten, die sogenannten „Pilzbuden“ errichtet, in der Regel nur in der nächsten Nähe der größeren Städte vertreten. Die Pilze müssen, wenn möglich, jeden Tag auf den Markt oder zu den sonstigen Kunden gebracht werden, weil sie sonst in Gefahr kämen, aufzugehen und darum an Wert bedeutend zu verlieren. Darin liegt geradezu für die deutsche Champignonzucht, trotzdem sie teurer produziert, der Vorzug vor der französischen, daß sie die Pilze frisch liefert, während die französischen an Schmackhaftigkeit deshalb verlieren, weil sie in Salzlake gelegt werden müssen, um den Transport zu überstehen.

Die Zahl der für die Gärtnerei anbaufähigen Produkte ist in steter Zunahme begriffen. Die wichtigsten der jetzt fast in jedem Haushalte verwendeten Gemüse sind keine Autochthonen des deutschen Landes, sondern sie sind meist von Süden her eingedrungen.

Um möglichst früh die Waren liefern zu können, werden schon mitten im Winter von Anfang Januar an die Beete vorgerichtet, so z. B. wird der Same des Salat gesät. Wenn die Pflänzchen ein wenig herangewachsen sind, werden sie in größeren Abständen von einander in andere frisch erwärmte Beete gebracht, „gestopft". Aus diesen werden sie nach einiger Zeit wieder herausgenommen, um jetzt zum letzten Male verpflanzt zu werden. Ein Beet mit Frühsalat gibt bei einmaliger Ernte gegen 7—8 Schock, für die der Durchschnittspreis 5—6 M. beträgt. Der früheste Salat kommt gewöhnlich schon Mitte März auf den Markt; ebenso Radies, deren Zucht jedoch nicht so umständlich ist wie die des Salats. Der spätere Salat, mit dessen Pflanzung auf das freie Land man Ende März beginnt, spielt im Mai und Juni, also der Hauptsaison, auf den Gemüsemärkten eine große Rolle. Eine Gärtnerei von etwa $^{2}/_{3}$ ha liefert durchschnittlich 900 bis 1000 Schock erster Pflanzung. Seine Ernte ist die wichtigste des ganzen Jahres, denn sie schafft die Gelegenheit, vom Ertrage etwas für die wenig einträglichen Wintermonate zurückzulegen. Der Salat erfreut sich mit Recht wegen seiner die Gesundheit fördernden Eigenschaften einer stets steigenden Beliebtheit, namentlich in den unteren Bevölkerungsklassen. Die Anzucht aller Gemüse an dieser Stelle weiter auseinanderzusetzen, würde zu weit führen, da es nicht der Zweck dieser Abhandlung ist, eine Darstellung der Technik zu geben.

Im Frühjahr und im Sommer wird jedes Fleckchen ausgenutzt. Der gärtnerische Gemüsebau ringt dem Boden in einem Jahre drei bis vier Ernten ab und ist deshalb die intensivste aller Bodenkulturen. Die Rentabilität ist weniger von der Größe der bebauten Fläche abhängig, als vielmehr von der Intensität der verwendeten Arbeit und der sorgsamen Behandlung der betreffenden Kulturen. Da diese am besten im Kleinbetriebe stattfindet, so ist diese Form die für den intensiven Gemüsebau vorteilhafteste. Mittel- oder Großbetriebe sind nur möglich auf Kosten der Intensität. Der Betriebsinhaber nimmt gewöhnlich an jeder Arbeit persönlich teil, um durch sein Vorbild seine Leute zum Fleiß anzuspornen. Die Arbeit ist ziemlich einfach und kann bald erlernt werden; es ist daher möglich, sie auch von solchen verrichten zu lassen, die wenig oder gar nicht darin bewandert sind. Doch erfordert sie Geschick und vor allem Genauigkeit und Sorgfalt, auch ein Grund, weshalb es für den Betriebsinhaber vorteilhaft ist, an allen Verrichtungen selbst mit teilzunehmen. Fremde Leute werden im allgemeinen wenig gehalten, ihre Beaufsichtigung würde zu kostspielig sein.

In einer Gemüsegärtnerei in der Nähe der Stadt sind daher selten mehr als 2—3 Gehilfen beschäftigt. In der Hauptzeit der Arbeit, besonders in den Frühjahrsmonaten zur Bestellung der Kulturen und im Sommer zum Ausraufen des Unkrautes verwendet man Frauen, in der Regel nur für einige Stunden am Tage. Lehrlinge werden nur wenig ausgebildet, wohl aber hält man junge Leute, die die Schule verlassen haben. Diese wohnen beim Gärtner, bekommen Kost und Lohn, etwa 10—15 M. per Monat; sie werden später in diesen Betrieben allgemein gern beschäftigt und sind als tüchtige Arbeiter geschätzt, obwohl sie keine kunstgerechte Lehre durchgemacht haben. Aus diesen Kreisen rekrutieren sich auch die Gehilfen, ferner aus solchen Leuten, die in anderen Betriebsarten gelernt haben. Ihr Lohn beträgt in Großstädten monatlich im Sommer durchschnittlich 35 M., im Winter 25 M. bei freier Station.

In der Hautpsache sind die Familienangehörigen die ganze Zeit hindurch mit tätig. Das ist ein Charakteristikum der intensiven Gemüsegärtnerei. Mann, Frau und Kinder wirken miteinander Hand in Hand, jeder erhält eine seinen Kräften und Fähigkeiten entsprechende Beschäftigung.

Je mehr diese Arbeit der Familienangehörigen in Anspruch genommen werden kann, um so günstiger ist das Ergebnis; denn diese Personen sind am Gedeihen oder Mißlingen der Kulturen stark interessiert. Je eifriger sie arbeiten, um so geringer sind die Ausgaben für Löhne, um so höher ist der Ertrag. Es wird in diesen Kreisen als ein Vorzug angesehen, wenn die Familienangehörigen derart mitwirken, daß man fremde Hilfe nur in Ausnahmefällen nötig hat. Darum bleibt der Sohn, wenn er die Schule verlassen hat, meist im Betriebe des Vaters und verläßt diesen höchstens, um sich kurze Zeit auch in den anderen Zweigen der Gärtnerei auszubilden. Kommt er dann in die Jahre, wo die Frage der Verheiratung an ihn herantritt, dann wird gewöhnlich weiter draußen auf dem Lande, wo die Bodenpreise noch nicht so hohe sind, ein zur Benutzung für die Gärtnerei geeignetes Stück Land angekauft und zum Betriebe hergerichtet. Den Betrieb des Vaters zu übernehmen, würde aus schon oben gewürdigten Gründen in der Regel viel zu teuer werden und der junge Anfänger würde kaum die Zinsen für das Grundkapital herauswirtschaften können. Auch in der Nähe der Stadt eine schon eingerichtete und vorher betriebene Gärtnerei in Pacht zu nehmen, ist nicht lohnend, da die Pachtverträge für solche Grundstücke immer bloß für kurze Zeit abgeschlossen werden und der Pächter deshalb stets zu befürchten hat, seinen Betrieb einstellen zu müssen.

Die Arbeit wird fast ausschließlich mit der Hand und den üblichen Handwerkszeugen, wie Spaten, Rechen, Gießkannen usw. ausgeführt. Da es sich fast immer nur um kleine Flächen handelt, die bearbeitet werden und die Kulturen eine individuelle Behandlung bedürfen, sind Maschinen, außer zum Wasserpumpen, nicht in Betrieb. Das Arbeitsverfahren hat sich im allgemeinen, abgesehen von einigen Erleichterungen, gegen früher nicht wesentlich geändert.

Auch die Arbeitszeit ist noch wenig geregelt und besonders in solchen Betrieben sehr ausgedehnt, wo nur Familienangehörige mitwirken. Im Sommer ist man von früh bis abends spät mit wenigen Pausen — zum Frühstück $^1/_2$, zu Mittag eine und zum Nachmittag $^1/_2$ Stunde — tätig. Im Winter arbeitet man morgens und abends bei Licht, bessert dabei die Fenster aus, verfertigt Strohdecken oder verrichtet andere Nebenarbeiten. Die überlange Arbeitszeit war früher noch mehr üblich; 13—14 Stunden waren keine Seltenheit. Aber aufgeklärte Betriebsinhaber haben längst eingesehen, daß in der Länge der Arbeitszeit nicht zugleich der Vorteil inbegriffen ist, und deswegen hat man, dem Zuge der Zeit folgend, es für gut befunden, kürzere Zeit, aber um so intensiver tätig zu sein. Eine 11stündige Arbeitszeit ist jetzt als normal anzusehen.

Die Produktionskosten sind ziemlich bedeutend. Sie entfallen hauptsächlich auf die zur Erzeugung der Produkte verwendete Arbeit; die Quote für die Abnutzung der Betriebsmittel ist verhältnismäßig gering. Da in der Regel keine Bücher geführt werden, ist die Berechnung der Produktionskosten sehr schwer und man ist in der Hauptsache auf Schätzungen angewiesen. Eine andere Schwierigkeit, sie festzustellen, beruht in dem Umstande, daß die Kosten nicht, wie dies bei Fabrikaten der Industrie und den Produkten der Landwirtschaft der Fall ist, in dem einen Jahre, wenigstens mit nur geringen Differenzen, dieselben sind wie in anderen. Je nachdem ein Jahr trocken ist oder nicht, steigt oder sinkt die auf ein Produkt aufgewendete Arbeit; denn in trockenen Jahren muß mehr gegossen werden als in jenen, wo es viel regnet. Beim Gießen ist nicht bloß die Zeit, während der man die Tätigkeit ausübt, in Berechnung zu ziehen, sondern es müssen auch die Kosten des Pumpens und besonders, wenn das Wasser den Gemeindeleitungen entnommen wird, die Kosten dafür in Betracht gezogen werden. Endlich ist es aus dem Grunde noch schwer, weil man bei der Verschiedenheit der Kulturen zu verschiedene Arbeiten in kurzer Zeit nacheinander vornehmen muß, ohne dabei immer berechnen zu können, wie lange man bei einer Tätigkeit zugebracht hat.

Aus den angeführten Gründen geht hervor, daß Produktionskostenberechnungen, die einigermaßen den Anspruch auf Genauigkeit erheben können, nur dann erst ausgeführt werden könnten, wenn viele Betriebe an den verschiedensten Plätzen mehrere Jahre hindurch mit möglichster Genauigkeit über alles, was im Betriebe vorgeht, Buch führen würden. Es leuchtet aber ein, daß dies namentlich für die Leiter kleinerer Betriebe eine große Last wäre; daher dürfte es noch sehr lange dauern, ehe man zu solchen Berechnungen schreiten kann. Nur wenig Versuche sind bisher gemacht worden und die wenigen haben keinen praktischen Wert.

Bei Berechnung des Ertrages stößt man auf dieselbe Schwierigkeit. Da keine Bücher geführt werden, ist man ebenfalls auf Schätzungen angewiesen; man begnügt sich höchstens mit dem Notieren großer Posten und den Einnahmen an Markttagen. Obwohl es eine große, beklagenswerte Nachlässigkeit seitens der Betriebsinhaber ist, keine genaue Rechenschaft über die Einnahmen und Ausgaben und somit über den Ertrag und die Rentabilität des Betriebes zu geben, so wird eine Änderung in dieser Richtung nicht so bald Platz greifen. Die Gärtner sind leider im allgemeinen Neuerungen und Verbesserungen ihres Betriebes wenig zugänglich, am allerwenigsten in dieser Beziehung. Es würde für den Gärtner ein großes Opfer bedeuten, wenn er sich nach Feierabend noch an sein Pult setzen und dort überlegen sollte, wieviel er am Tage auf Heller und Pfennig genau eingenommen und ausgegeben habe. Die Unterlassung dieser sicherlich kleinen Mühe hat sich aber bei manchen schon bitter gerächt, indem man aufs Geratewohl gewirtschaftet hat und plötzlich in Zahlungsschwierigkeiten geraten ist, die schließlich zum Bankerott geführt haben.

In Büchern und Broschüren findet man oft Ertragsberechnungen, auf die man absolut nichts geben kann. Sie sind vielfach in tendenziöser Weise aufgestellt und man prunkt gewöhnlich mit riesigen Erträgen bei minimaler Arbeitsleistung.

Der Durchschnitts-Rohertrag ist zwar für die so verschiedenen Produkte in den meisten Jahren ziemlich feststehend, aber die Preise dafür sind großen Schwankungen unterworfen. Diese bringen es mit sich, daß die Einnahmen in einem Jahre um 1—2000 M. höher oder niedriger sein können als in einem anderen, trotzdem der Betriebsinhaber dieselbe Menge Waren auf den Markt gebracht hat.

Das Hauptabsatzgebiet ist für jede Gemüsegärtnerei der benachbarte Markt. Entweder werden die Waren an feste Privatkunden oder Händler regelmäßig geliefert, oder man hat einen Stand auf dem Wochenmarkte oder in der Markthalle, wo in der Regel die Frauen an bestimmten Wochentagen die in runden oder viereckigen Körben aus Weidengeflecht verpackten Gemüse an Zwischenhändler veräußern. Der Verkauf beginnt in den frühesten Morgenstunden, und binnen kurzer Zeit, etwa 3 Stunden, sind alle Geschäfte erledigt.

Dadurch, daß der größte Teil des Angebots wie der Nachfrage in den Markthallen der Städte einander gegenüberstehen und Käufer und Verkäufer eine beträchtliche Auswahl und Gelegenheit zu Erkundigungen haben, erfolgt eine ziemliche Ausgleichung der Preise, so daß die Schwankungen an denselben Tagen gewöhnlich unbedeutend sind. Um so größer aber sind sie an verschiedenen Tagen. Was gestern noch lebhaft von den Händlern begehrt wurde, ist heute infolge allzu großen Angebots kaum noch loszuschlagen und erzielt vielleicht morgen wieder normale Preise. Leider werden von seiten der Verwaltungen der Markthallen nicht die täglichen Durchschnittspreise bekannt gemacht, so daß kein genaues Bild von den Schwankungen gewonnen werden kann.

Neben dem Absatze der Waren auf dem lokalen Markte, als der vorherrschenden Art, verdient außerdem der Versand Erwähnung. Bei ihm schiebt sich noch ein weiteres Glied des Zwischenhandels ein, nämlich der Großhändler, der die Waren regelmäßig selbst an der Produktiosnstätte einkauft oder sie auf Bestellung senden läßt, wobei er fast durchweg die Transportkosten selbst trägt, häufig auch das Material zur Verpackung liefert. Bei der Bezahlung der Waren wird ein etwas geringerer Preis zugrunde gelegt als derjenige, den die Ware auf dem Markte des Produktionsortes erzielt. Die Großhändler ihrerseits verkaufen an kleinere Zwischenhändler, die dann in Läden die Produkte den Konsumenten übermitteln.

Die Großhändler beziehen ferner einen großen Teil ihrer Waren aus dem Auslande, dessen Konkurrenz in letzter Zeit sehr stark fühlbar geworden ist und lebhaft beklagt und bekämpft wird. Aus den graphischen Darstellungen, die wir nach den monatlichen Nachweisen über den auswärtigen Handel Deutschlands ausgeführt haben (Tafel 1 und 2), ist die Entwickelung in den letzten 15 Jahren deutlich ersichtlich. Tafel 1 veranschaulicht die Einfuhr von Küchengewächsen während der einzelnen Monate in den Jahren 1895, 1900, 1905 und 1910. Daneben ist durch eine starke schwarze Linie die monatliche Ausfuhr im Jahre 1910 dargestellt.

Die Einfuhr, die sich in der Vergleichsperiode mehr als verdreifacht hat, ist innerhalb der einzelnen Monate großen Schwankungen unterworfen. In der kalten Jahreszeit erreicht sie jedesmal den Tiefstand und im Hochsommer, im August, ihren Höhepunkt. Die Ausfuhr spielt fast gar keine Rolle, sie bleibt noch weit hinter der Einfuhr vom Jahre 1895 zurück. Ihren Höhepunkt erreicht sie im Oktober. Die kolossale Steigerung der Einfuhr wird noch besser veranschaulicht, wenn wir Tafel 2 betrachten. Sie zeigt zugleich, wie sich die Einfuhrmenge in den Vergleichsjahren auf die einzelnen nach Deutschland exportierenden Staaten verteilt. Daneben ist wiederum die Ausfuhr dargestellt, die hinter der großen Einfuhr ganz und gar verschwindet. Die Niederlande nehmen in allen vier Vergleichsjahren die erste Stelle ein; sie führen jedesmal mehr als die Hälfte ein. Eine stetige Entwickelung haben Österreich-Ungarn an zweiter, Italien an dritter, Ägypten an vierter und Frankreich an fünfter Stelle aufzuweisen. Die Ausfuhr richtet sich in erster Linie nach Österreich, dann nach der Schweiz und Großbritannien.

Während früher in der Statistik des auswärtigen Handels von Deutschland eine mehr summarische Zusammenfassung der Küchengewächse und der übrigen Erzeugnisse der Gärtnerei stattfand, hat seit 1906 auch eine Spezialisierung hierin Platz gegriffen. Die Küchengewächse sind in 16 Gruppen geteilt und gestatten so eine viel klarere Übersicht. Wir haben deshalb in den Tafeln 3—13 die Ein- und Ausfuhr der wichtigsten Gemüsearten graphisch dargestellt und verweisen zur näheren Orientierung auf sie. Sie zeigen wiederum, wie verschieden die Schwankungen der Ein- und Ausfuhr-Mengen bei den Gemüsearten in den einzelnen Monaten sind, und wie stark die Einfuhr die Ausfuhr übertrifft. Nur in Meerrettich (Tafel 10) und in nicht genannten, zerkleinerten Küchengewächsen, Sämereien zum Genusse, Eierfrüchten und Bamien (Tafel 13) vermag Deutschland mehr aus- als einzuführen. Bemerkenswert ist außerdem, daß sogar Ägypten zur deutschen Bedarfsdeckung herangezogen wird. Es tritt als Hauptlieferant in Zwiebeln (Tafel 7) auf und hat darin eine solche Bedeutung erlangt, daß es sich in der deutschen Gesamt-Einfuhr bisher dauernd den vierten Platz erobert hat.

Recht bitter spricht man sich in Gärtnerkreisen über die von den Eisenbahnverwaltungen eingehaltene Verkehrspolitik aus. So werden frische Gemüse und Schnittblumen besonders aus Italien und Südfrankreich zu Frachtgutpreisen als Eilgut befördert, so daß namentlich im Winter italienische Blumen und frische Gemüse in wenigen Tagen nach Deutschland befördert werden können.

Vielfach, besonders in den Fachzeitungen[1], heißt es, diese Einfuhr sei gleichbedeutend mit einem vollständigen Niedergang der bisher lohnenden Frühjahrstreiberei. So schlimm dürfte es jedoch nicht sein. Die frischen Gemüse unserer Gärtner finden immer, gerade weil sie frisch sind, ihre Abnehmer. Durch die Wirkung der südländischen Konkurrenz werden die Gärtner, die im allgemeinen schwer für Neuerungen zu erwärmen sind, gezwungen, ihre Betriebe zu vereinfachen und den modernen Produktionsbedingungen mehr anzupassen, als es bisher der Fall war, um billiger produzieren und die Konkurrenz mit dem Auslande aufnehmen zu können. Allerdings das Vereinfachen und Anpassen hat seine Grenzen. Das Ausland bleibt trotzdem im Vorteil, wenn keinerlei Schutzzoll für einen Ausgleich sorgt. Aus diesem Grunde müßte ein Zoll, vielleicht in Form eines Saisonzolles, den man verschiedentlich vorgeschlagen hat, den Gärtnern zu Hilfe kommen. Es handelt sich hierbei um einen angemessenen Zoll, der in den Winter- und Frühjahrsmonaten auf frische Gemüse gelegt werden sollte, also in der Zeit, in welcher diese Erzeugnisse zu Luxusartikeln werden und wo Anbau und Treiberei sich am besten lohnen. Während der übrigen Zeit sollten sie zollfrei oder nur mit einem mäßigen Zoll belastet werden. Diese Maßnahmen würden wahrscheinlich ganz gerecht sein und der Gärtnerei sehr zu statten kommen; denn wer in dieser Zeit frische Gemüse auf seiner Tafel sehen will, soll auch Mittel dazu haben, sodaß er ruhig die geringe Verteuerung durch den Zoll vertragen kann[2].

Alle diese Frühgemüse, die mittels künstlicher Treiberei gezogen werden, befriedigen Luxusbedürfnisse und werden dies voraussichtlich immer tun. Arme müssen sich derartige Genüsse in dieser Zeit versagen. Wenn aber diese Produkte zu Massenbedarfsartikeln werden, etwa wie die Gurken in der Sommerszeit, dann allerdings sollen sie zollfrei importiert werden.

Von den Saisonzöllen hat man aber, wie in der Erklärung eines Bundesratsbevollmächtigten, betreffend die Zölle auf Gartenbauerzeugnisse begründet wird[3], deshalb keinen Gebrauch machen wollen, weil dadurch nur einige Länder, wie Dänemark, Frankreich und Italien getroffen würden, während sie gegen Belgien, Holland, Österreich-Ungarn und Rußland nur geringen schützenden Einfluß ausüben würden.

Die inländische Konkurrenz ist in der Gemüse-Gärtnerei weniger fühlbar und wird leichter ertragen als die ausländische. Wenn auch

---

[1] Vgl. Der Handelsgärtner passim., ebenso Handelsblatt für den deutschen Gartenbau.

[2] Die gleiche Ansicht vertritt: August Pflug, Der deutsche Gartenbau und der Kampf um Zollschutz für denselben. Zeitschrift für die gesamte Staatswissenschaft 1892, Heft IV, S. 569—599.

[3] Reichstagsakten, VII. Anlageband, 10. Legislaturperiode, 2. Session 1900/01, S. 4867.

die Gärtnereien in den letzten Jahren sich stark vermehrt haben, so hat doch ebenfalls der Gemüsebedarf ersichtlich zugenommen. Die inländische Konkurrenz geht vornehmlich von den Gemüsebau treibenden Landwirten aus und macht sich namentlich in den Produkten geltend, die vorwiegend auf dem freien Lande wachsen können, wie Kohl, Kohlrabi, Kraut, Möhren u. dgl. Der Gärtner muß sich bei diesen auf frühe Sorten beschränken, um eher zu liefern als der Landwirt.

Wenn der Gemüsegärtner bei zwar harter und angestrengter Arbeit ein ausreichendes Dasein führen will, so muß er so wirtschaften, daß er im Sommer ein Zehrgeld für den Winter schaffen kann, wenn er nicht in dieser Zeit Anlehen aufnehmen will, die auf sein Grundstück gewöhnlich als neue Hypotheken eingetragen werden, deren Verzinsung oft schwere Sorgen bereitet. Bei guter Betriebsleitung durch den Mann und tüchtiger Wirtschaftsführung seitens der Frau nährt die Gemüsegärtnerei vollständig ihren Mann. Ihre Produkte finden stets Abnehmer, sodaß der Gärtner von seinen Kunden meist weit unabhängiger ist als die Vertreter anderer selbständiger Berufe.

Die Frage endlich, welche Betriebsform für die intensive Gemüsegärtnerei vorteilhafter sei, der Klein- oder der Großbetrieb, dürfte sich aus dem bisher angeführten nicht allzu schwer beantworten lassen. Der Kleinbetrieb ist die typische Form. Großbetriebe können nur auf Kosten der Intensität der Arbeit bestehen. Sie sind, wenigstens jetzt noch, nicht imstande, dem Boden dieselben Erträge abzuringen wie der Kleinbetrieb[1]. Dies ist in der Umgebung der Großstädte wegen der hohen Bodenpreise ein unbedingtes Erfordernis. Und deswegen erweist sich der Kleinbetrieb in der Gemüsegärtnerei nicht nur weiter als lebensfähig, sondern ist auch in ständiger Zunahme begriffen.

Anhang: Der landwirtschaftliche Gartenbau oder der Feldgemüsebau.

Es soll darunter nicht die auf vielen Rittergütern von besonders angestellten Gärtnern betriebene sogenannte Herrschaftsgärtnerei verstanden werden, sondern der im eigentlichen Landwirtschaftsbetriebe stattfindende Gartenbau, dessen Erzeugnisse zum Verkaufe auf den Markt gebracht werden. Seine Grenzen gegenüber der Gemüsegärtnerei sind oft äußerst schwer zu bestimmen. Er befaßt sich namentlich mit der Anzucht größerer Gemüse, die weniger Behandlung und Arbeit benötigen. Solche wesentlich landwirtschaftliche Gemüse sind Wirsing, Kopfkohl, Kraut, Schoten usw., deren Anzucht auf freiem Felde erfolgen kann und die zum Heranwachsen weniger Wasser bedürfen, als die spezifisch gärtnerischen Arten.

Es ist eine eigentümliche Erscheinung, die auch von landwirtschaftlichen Schriftstellern[2] hervorgehoben wird, daß manche jetzt

---

[1] Zu demselben Resultate kommt H. Levy, Entstehung und Rückgang des landwirtschaftlichen Großbetriebs in England. Berlin 1904, S. 185.

[2] Z. B. von der Goltz, Art: Ackerbausysteme im Handwörterbuch der Staatswissenschaften I., S. 43. — David, Ackerbau u. Sozialismus, a. a. O., S. 452.

in landwirtschaftlichen Betrieben gezogene Gemüse früher Produkte nur der Gärtnerei waren. Dies hängt damit zusammen, daß, wie schon betont worden ist, die meisten der jetzt in jedem Haushalte üblichen Gemüse Einwanderer sind, die die Gärtner akklimatisiert haben. Wenn diese Produkte so eingebürgert sind, daß sie Massenprodukte werden können, dann kann sich die Landwirtschaft ihrer annehmen und die ersten Produzenten aus dem Felde schlagen. Die Gärtnerei arbeitet mehr für den Bedarf der oberen und mittleren Klassen, während der Landwirtschaft die Aufgabe zufällt, dafür zu sorgen, daß die Massen ihren Bedarf billig zu decken in der Lage sind; denn die Verwendung von frischen Gemüsen gilt in den Städten immer noch vielfach als ein Luxus der Bemittelten, und das Gemüse hat im Haushalt der ärmeren Klassen noch nicht die Bedeutung, die ihm gebührt. Es ist klar, daß nicht jeder Landwirt zum Anbau von Gemüsen für den Verkauf schreiten kann. Der Boden muß dazu geeignet und die Verbindung seines Gutes mit der nächsten Konsumtionszentrale derart sein, daß nach Abzug aller Kosten ein höherer Gewinn verbleibt, als wenn Getreide gebaut würde. Erfahrungsgemäß ist dies zumal dann der Fall, wenn die Getreidepreise sehr niedrig sind[1]. Außerdem erfordert der Feldgemüsebau eine höhere Intelligenz beim Produzenten, als das für den gewöhnlichen Landbau nötig ist.

Eine sehr wesentliche Rolle spielt die Frage des Wiederersatzes der durch den Gemüsebau entzogenen Bodenkräfte. Nur derjenige Landwirt kann gutes Gemüse bauen, der aus nicht allzu fernen Industrie- und Handelszentren genügende Massen Dünger zu beziehen in der Lage ist. Freilich wird dessen Bezug durch die hohen Frachtsätze der Eisenbahnen sehr erschwert.

Ausschließlich Gemüsebau zu treiben wird ja doch nur in seltenen Fällen möglich sein, besonders dann, wenn das Gut nur einen geringen Umfang hat. Der Gemüsebau kann hauptsächlich dort mit Vorteil ausgeübt werden, wo er in Verbindung mit gewöhnlicher Feldwirtschaft gehandhabt werden kann, weil dabei die Arbeiten, die nur zu bestimmten Zeiten vorgenommen werden, sich recht gut mit den Feldarbeiten verbinden lassen.

Da die Arbeitskräfte auf dem Lande zumeist unqualifizierte sind, so ist es wesentlich, daß der Landwirt seinen Betrieb möglichst einfach und gleichmäßig gestaltet. Er muß daher seine Aufmerksamkeit auf eine kluge Auswahl der Produkte richten und vor allem Massengemüse kultivieren.

Ein Landwirtschaftsbetrieb wird darum selten mehr als 2 bis 3 Spezialprodukte für den Verkauf anbauen, durch die manche Gegenden mit ihren Kulturen, z. B. die Magdeburger durch ihr Kraut und dessen Verarbeitung zu Sauerkraut, große Berühmtheit erlangt haben.

Der Feldgemüsebau erfordert viel intensivere Arbeit als der Anbau

[1] Vgl. H. Levy, Die Not der englischen Landwirte z. Zt. der hohen Getreidezölle. Münchner volkswirtschaftl. Studien, 56. Stück, S. 120.

der übrigen landwirtschaftlichen Gewächse. Demgemäß sind die Produktionskosten bedeutend höher. Gemüsebau kann nur dort lohnend betrieben werden, wo genügende Arbeitskräfte zur Verfügung stehen. Maschinen sind nur zu Hilfsarbeiten verwendbar. Rentabilitätsberechnungen für den landwirtschaftlichen Gemüsebau, die häufig aufgestellt werden, sind in der Hauptsache zu günstig angesetzt, weil man dabei die Preise in Anschlag bringt, die Kleinhändler in den Städten erzielen können, die aber ein Großproduzent nie erreicht.

Auf alle Fälle ist der Feldgemüsebau bei weitem rentabler als der Getreidebau. Das Aufkommen der Konserven- und Präservenfabriken, die namentlich in Mitteldeutschland, wie Braunschweig, zu hoher Blüte gelangt sind, hat auf die Entwickelung des landwirtschaftlichen Gemüsebaues sehr belebend eingewirkt und die Gründung solcher Fabriken machte ihn in diesen Gegenden infolge des Massenabsatzes erst rentabel. In der Braunschweiger Gegend haben die Bauern es sogar so weit gebracht, daß sie mit ihrem Spargelbau die Gärtner verdrängen konnten, deren Produkte für die Konservenfabriken viel zu teuer sind.

Alle Momente ausführlich anzugeben, auf welche Weise die Konservenindustrie auf die Entwickelung des Feldgemüsebaues eingewirkt hat, würde zu weit führen. Wir verweisen deshalb auf den Artikel „Die Konservenindustrie" im Handbuch der Wirtschaftskunde Deutschlands[1] und begnügen uns hier nur, das für uns wichtigste daraus hervorzuheben. Das Hauptprodukt der braunschweigischen Konservenindustrie bildet der Spargel, für dessen Anbau sich der ganze Boden dieser Gegend wohl 4 Stunden im Umkreise vorzüglich eignet. Viele Bauern der näheren und weiteren Umgegend verwandeln daher Teile ihres bisherigen Ackerlandes in Spargelplantagen. Da die Spargelkultur eine sehr intensive Bewirtschaftung voraussetzt, können die Spargelfelder der einzelnen Besitzer nicht sehr umfangreich sein; sie umfassen durchschnittlich 15—20 Morgen. Größere Konservenfabriken haben allerdings Plantagen von hundert und mehr Morgen im Besitz, wodurch sie in der Lage sind, einen Teil ihres Bedarfes selbst zu decken. Durchschnittlich vermag ein Morgen einen Bruttoertrag von 400 M. zu erzielen, der je nach der Qualität des Bodens, dem Alter der Kultur, der Intensität der Bewirtschaftung und der Witterungsverhältnisse bis zu 600 M. gesteigert werden kann. Die heutige Anbaufläche des Spargels wird auf etwa 6000 Morgen, der Gesamtertrag auf 60000 Zentner im Werte von etwa $2^1/_2$ Millionen Mark geschätzt. 1874 wurde die Anbaufläche auf 500 Morgen, der Ertrag auf 5000 Ztr. berechnet. Naturgemäß hat sich die Zahl der Arbeitskräfte bedeutend vermehrt. Betrug 1874 die Zahl der bei der Spargelernte beschäftigten Personen etwa 500, so ist sie gegenwärtig (1903) in den Monaten Mai

[1] III. Bd., S. 830ff, herausgegeben im Auftrage des Deutschen Verbands für das kaufm. Unterrichtswesen. Vgl. ferner Dr. Bettgenhäuser, Die Industrie des Herzogtums Braunschweig.

und Juni auf etwa 8000 angewachsen. Diese Arbeitskräfte werden nur zum geringsten Teil aus der Gegend selbst beschafft, vielmehr sind die Plantagenbesitzer gezwungen, von auswärts, aus dem Harz, dem Eichsfelde, auch aus Polen das notwendige Arbeitspersonal, fast ausschließlich weibliches, kommen zu lassen. Man verwendet diese Arbeiterinnen auch noch bei der im Anschluß daran stattfindenden Erbsen- und Bohnenernte als Pflückerinnen. Spargel, Bohnen und Erbsen bilden die Hauptartikel der Konservenindustrie; daneben kommen, jedoch in geringerem Umfange, Karotten, Spinat, Kohlrabi, Sellerie, die verschiedenen Kohlarten, Artischocken, Schwarzwurzel, ferner die verschiedenen Pilzsorten, Gurken und Zwiebeln in Betracht.

Auch der in England mit großem Erfolge gepflegten Tomatenkultur[1] zu Konservenzwecken widmet man in Deutschland neuerdings mehr Aufmerksamkeit.

Infolge der vielen Neugründungen von Konservenfabriken, die meist genossenschaftlichen Charakter tragen — es gibt in und um Braunschweig jetzt etwa 50 — und der daraus erstandenen Konkurrenz sind die Fabriken genötigt worden, die Konserven so billig als möglich zu liefern. Sie suchen deshalb ihre Lieferanten, die Gemüsebauern, im Preise zu drücken.

Auf der anderen Seite sind aber die Vereinigungen der Gemüsebauern bemüht, durch Festsetzung von Minimalverkaufspreisen einem Drucke auf die Preise entgegen zu arbeiten. Es hat sich daher zwischen beiden Parteien ein ziemlich heftiger Kampf entsponnen, der oftmals zu Ungunsten der Gemüsebauern ausgefallen ist. Infolgedessen hat die Rentabilität des Gemüsebaues gegen früher nachgelassen; dennoch ist er für die Landwirte noch so lohnend, daß er auch fernerhin mit Erfolg betrieben werden kann, und namhafte Theoretiker und Praktiker fordern ihn als wichtige Ergänzung des gewöhnlichen Landwirtschaftsbetriebes[2].

2. Die Blumengärtnerei.

Die Blumengärtnerei verdankt einen großen Teil ihrer heutigen Blüte den Fürsten und reichen Grundbesitzern früherer Jahrhunderte. Diese entfalteten einen ihrer Stellung angemessenen Luxus, den die Bürger der Städte nur in Ausnahmefällen sich gestatten konnten. Die Gärtner, die in ihren Diensten standen, die sogenannten Herrschafts- oder Schloßgärtner, hatten neben der Pflege des Gartens die Feste ihrer Herrschaften durch Blumenarrangements zu verschönen und durch eine geschickt gewählte Anzucht bunter Blumen für den Schmuck des Hauses zu sorgen. Sie waren dabei vielfach

---

[1] Vgl. Njemetzki, Die Industrialisierung der Landwirtschaft, S. 24ff.

[2] So Backhaus, Die Arbeitsteilung in der Landwirtschaft. Jahrb. für Nationalökonomie u. Statistik, III. Folge, 8. Bd. 1894, S. 369. — Zürn, Der Feldgemüsebau als landwirtschaftliches Nebengewerbe. Leipzig 1897. — Friesen, Die volkswirtschaftliche Bedeutung des Gemüsebaues 1877.

nicht wie ihre selbständigen Berufsgenossen auf den Gewinn und den Ertrag angewiesen, sondern sie waren auch oft in der Lage, neue, bisher noch nicht bekannte Pflanzen zur Züchtung heranzuziehen und solche sogar von außen her einzuführen. Die meisten Neueinführungen geschahen in der Tat auf Veranlassung der Schloßgärtner. Heute ist dies nicht mehr ausschließlich der Fall. Es gibt jetzt schon sogenannte Neuheiten-Gärtnereien, wie die Firmen Linden in Brüssel und Sander in Brügge, die sich lediglich damit befassen, Neuheiten einzuführen und zu züchten.

Heute ist der Blumenbedarf schon weiter in die Bevölkerung eingedrungen, und deswegen hat sich auch die Produktion ungeheuer gesteigert und stark spezialisiert, so daß die Blumengärtnerei jetzt die mannigfaltigsten Erscheinungsformen aufweist. Dabei ist sie im wesentlichen dem allgemeinen gewerblichen Entwickelungsgange gefolgt, das Kapital und die Unternehmertätigkeit haben in ihr ein breites Feld intensiver Betätigung gefunden. Bei ihr hat sich der Großbetrieb zuerst Bahn gebrochen und den Klein- und Mittelbetrieb in manchen Gegenden nahezu verdrängt.

I. Der Kleinbetrieb weist im wesentlichen die Merkmale der alten Kunst- und Handelsgärtnerei auf und ist im allgemeinen wenig spezialisiert. Sein Hauptgebiet, das er jetzt noch innehat, bilden die älteren Kulturen, die früher schon Gegenstand seines Betriebes waren, jene, die einmal eingebürgert sind und für die sich ein gewisser feststehender Bedarf namentlich unter den weniger bemittelten Bevölkerungsschichten herausgebildet hat. Pelargonien, Fuchsien, Lack, Primeln, Nelken sind dem Kleinbetriebe hauptsächlich verblieben.

Jedoch kann der Bedarf nicht als ein Massenbedarf betrachtet werden, da die Angehörigen jener Klassen für den Blumenmarkt noch zu wenig Bedeutung haben. Die hauptsächlichsten Blumenkonsumenten sind die oberen und mittleren Bevölkerungsschichten. Außer den obengenannten Topfblumen werden in ziemlichem Umfange Schnittblumen zu Bindezwecken, namentlich Veilchen, Nelken, Astern, Levkoy, auch Bindegrün u. a. für die Blumengeschäfte der Stadt gezogen. Die Veilchen sind die spezifischen Schnittblumen des Kleinbetriebes. Noch Anfang der 80er Jahre des vorigen Jahrhunderts bestanden zahlreiche kleine Spezialbetriebe für Veilchentreiberei, die besonders während des Winters sehr lohnend war. Infolge der südlichen Konkurrenz hat leider der größte Teil der Treibereien starke Einschränkungen erfahren müssen. Um die importierten ausländischen Veilchen, welche unter dem Transporte stark zu leiden haben, besser verkaufen zu können, vermischt man sie mit den einheimischen, die zwar an Größe der einzelnen Blumen den ausländischen sehr nachstehen, aber an Geruch sie bei weitem übertreffen.

Bei persönlicher Tüchtigkeit des Betriebsinhabers spezialisiert sich ein solcher Kleinbetrieb, besonders wenn sich der Leiter der Anzucht von Neuheiten widmet, häufig auf wenige Produkte. Das Kapital, das in einem kleinen Betriebe investiert ist, übersteigt zwar meist das einer Gemüsegärtnerei von gleicher Größe, ist aber im Verhältnis zu den großen Betrieben gering.

Die Gewächshäuser sind vielfach noch recht einfach und nicht nach den neuesten Modellen und der besten Konstruktion errichtet, sondern bestehen nur aus Grundgemäuer mit Holzüberbau und Glasfenstern. Sie können zum Teil vom Betriebsinhaber selbst erbaut werden. Die Heizungs- und Bewässerungsanlagen sind ebenfalls meist einfach und nach alten Systemen, selbst Kanalheizung, die primitivste Form, ist noch in manchen Betrieben anzutreffen. Die Treibbeete sind mit geringen Unterschieden so angelegt, wie die bei der Darstellung der Gemüsegärtnerei geschilderten. Den Dünger bezieht man aus der nahen Stadt. Der Same wird entweder selbst gezüchtet oder in den Samenzentren bestellt oder vom Samenhändler am Orte im kleinen gekauft.

Das Arbeitsverfahren hat wenig Veränderung durchgemacht, doch sind die Instrumente und Werkzeuge, deren man sich bedient, vervollkommnet und vielgestaltiger geworden.

An der Arbeit sind die Familienangehörigen in hohem Maße beteiligt; besonders ausgebildet ist die Lehrlingsarbeit[1]. Viele kleine Betriebe haben vornehmlich da, wo sie mit dem Großbetriebe am heftigsten um ihre Existenz ringen, gar keine Gehilfen, sondern beschäftigen nur Lehrlinge[2]. Man hält die Lehrlinge in der Regel so, daß jedes Jahr der eine auslernt und ein neuer an seine Stelle tritt. Die Lehrzeit dauert allgemein drei Jahre. Manche Lehrherren verlangen ein Lehrgeld, manche sogar das Mitbringen eines Bettes. Vielfach ist aber die Zahlung eines Lehrgeldes gar nicht möglich, denn ein großer Teil der Lehrlinge stammt aus unbemittelten Familien. Sie haben meist eine ungenügende Vorbildung, werden als billige Arbeitskräfte ausgenutzt, lernen wenig und können später als Gehilfen ihren Posten nicht recht ausfüllen.

Um dem abzuhelfen und um junge Leute aus besser situierten Kreisen heranzuziehen, hat man Gärtnerlehranstalten[3] errichtet, in denen die Lehrlinge zugleich eine praktische und fachwissenschaftliche Ausbildung erhalten, die sie nach Bestehen einer Prüfung befähigt, den Ansprüchen der Gegenwart gerecht zu werden.

---

[1] Vgl. Brennwald, Das Lehrlingswesen der Jetztzeit in bezug auf die deutsche Gärtnerei. Berlin 1881, S. 7.

[2] Rothenacker, Die Gärtnerei in Karlsruhe. Schriften des Vereins für Sozialpolitik, Bd. 69, S. 373. Unter den 69 männlichen Arbeitern, die in 27 Betrieben beschäftigt wurden, befanden sich nicht weniger als 34 Lehrlinge, also nahezu die Hälfte.

[3] Über die heutige Lage der Gärtnerlehranstalten ist folgendes zu sagen: Die bedeutendste in Deutschland ist die „Königliche Gärtnerlehranstalt zu Dahlem“ bei Berlin. Sie besteht schon seit 1824 und hatte bis 1903 ihren Sitz in Wildpark bei Potsdam. Die Anstalt trägt einen akademischen Charakter. Zur Aufnahme ist der Nachweis des Einjährig-Freiwilligen-Examens oder eine entsprechende Bildung zu erbringen; ferner muß eine vierjährige Praxis nachgewiesen werden. Die Leitung liegt in der Hand eines Kuratoriums, an dessen Spitze ein Vertreter des Ministeriums für Landwirtschaft steht. Zurzeit wirken sechs ordentliche und 13 außerordentliche Lehrer an der Anstalt, die in 4 Lehr-

Haben die Lehrlinge ausgelernt, so bleibt nur ein Teil von ihnen in den kleineren Betrieben, der andere sucht in den Mittel- und Großbetrieben der gleichen Art Stellung. Die kleinen und auch die Mittelbetriebe der Blumengärtnerei liefern, wie das Handwerk den Fabriken,

gänge gegliedert ist: in einen allgemeinen, einen für Gartenkunst, einen für Obstbau und einen für gärtnerischen Pflanzenbau. Jeder dieser Lehrgänge dauert ein Jahr, der allgemeine ist für alle Besucher obligatorisch. Am Schlusse desselben findet ein Examen statt, dessen Bestehen die Vorbedingung für den Besuch eines der übrigen Lehrgänge bildet. Für die drei letzten Lehrgänge besteht Lernfreiheit. Nach dem Ablauf eines jeden Lehrganges findet ein Schlußexamen statt, über dessen Bestehen ein Zeugnis ausgestellt wird. Neben ihren Sammlungen und Hilfsmitteln für den wissenschaftlichen Unterricht besitzt die Anstalt eine pflanzenphysiologische Versuchsstation für Obst- und Gemüseverwertung nebst Laboratorium, eine meteorologische Beobachtungsstation II. Ordnung, ein Versuchsquartier mit einer Feldheizungsanlage, vier größere Gewächshäuser, drei Weintreibhäuser, ein Pfirsichtreibhaus, ein Ananashaus, ein Erdbeerhaus, ein Champignonhaus, eine Talutmauer für Pfirsiche, vier Instruktionsmauern für feines Obst und ein teils Zieranlagen, teils dem Obst- und Gemüsebau und dem gärtnerischen Pflanzenbau sowie wissenschaftlichen Versuchszwecken gewidmetes Terrain von etwa 8 ha. Außerdem bieten die Anlagen der Königlichen Gärten zu Potsdam, die benachbarten Einrichtungen des botanischen Gartens, der Kaiserlichen biologischen Anstalt für Land- und Forstwirtschaft und die Versuchsfelder der landwirtschaftlichen Hochschule reiche Gelegenheit der Belehrung und Anschauung (vgl. Prospekt der Anstalt von 1911). Außer der Abgangsprüfung ist noch ein Obergärtnerexamen und ein Examen eingerichtet worden, das den Namen „Staatliche Fachprüfung für Garten- und Obstbautechniker" trägt. Zu letzterem ist eine 7jährige Praxis vorgeschrieben. Die Prüfung erstreckt sich nach Wahl des Prüflings auf Landschaftsgärtnerei, Obstbau und gärtnerische Pflanzenkultur. Alles Nähere über die weitere Organisation entnehme man dem Prospekt. Bemerkenswert ist noch, daß die Besucher der Anstalt auch den Vorlesungen an der landwirtschaftlichen Hochschule und der Universität beiwohnen können, wodurch ihre Ausbildung auf der denkbar breitesten wissenschaftlichen Basis ruht. Auch Damen, die eine gärtnerische Vorbildung nachweisen können, werden als Hospitantinnen und Praktikantinnen zu den einzelnen Lehrgängen zugelassen. Außerdem finden auch kurzzeitige Kurse auf allen Gebieten des Gartenbaues statt. Alle diese Vorzüge vermag keine andere deutsche Gärtnerlehranstalt aufzuweisen. Für Preußen kommen noch als erstklassige Anstalten in Frage die Königl. Lehranstalt für Wein-, Obst- und Gartenbau in Geisenheim a. Rhein, wo namentlich der so außerordentlich wichtige Obstbau, für den das Reich jährlich größere Mittel zur Unterstützung aufbringt, seine Förderung findet, und das Königl. Pomologische Institut zu Proskau in Schlesien. Außerdem bestehen noch in den einzelnen Provinzen von Landwirtschaftskammern unterhaltene Gärtnerlehranstalten (siehe Thalackers Kalender 1912, S. 65), die gut organisiert sind.

In Thüringen nimmt die Gärtnerlehranstalt Köstritz (R. j. L.) den ersten Platz ein und genießt einen weiten Ruf. Sie ist 1887 gegründet worden. Ihre Besucherzahl belief sich im Wintersemester 1910/11 auf 191. Das Ziel der Anstalt liegt, wie sie in ihrem Prospekt sagt, in der „fachwissenschaftlichen Ausbildung von Gärtnern, die allen den Anforderungen entsprechen sollen, welche an einen tüchtigen, gebildeten Fachmann gestellt werden, der befähigt ist, entweder als Gehilfe bessere Stellung zu bekleiden oder späterhin selbständig als Handelsgärtner, Landschaftsgärtner, Baumschulenbesitzer gärtnerischen Betrieben vorzustehen oder in städtischen kommunalen oder privaten Gärtnereien leitende Stellung einzunehmen oder als Wanderlehrer, Gartenbaulehrer, Gartentechniker, Gartenarchitekt, Obstbaumtechniker zu wirken". Die Organisation wolle man dem Prospekt entnehmen.

In Süddeutschland sind von Gärtnerlehranstalten bemerkenswert die Königl. Bayerische Gartenbauschule zu Weihenstephan bei Freising, die durch theoretischen Unterricht in Verbindung mit praktischen Übungen gebildete Gärtner heran-

das wesentlichste Gehilfenmaterial für den ganzen Beruf. Die Gehilfen stehen fast durchweg in jüngeren Jahren, etwa im Alter von 17—23, ältere sind selten und Verheiratete sind ganz vereinzelte Ausnahmen[1].

zieht und Obst- und Baumgärtner theoretisch und praktisch ausbildet. Aufnahmebedingungen sind: Vollendung des 17. Lebensjahres, gute Volksschulbildung, mindestens zweijährige praktische Lehrzeit, volle Gesundheit, guter Leumund. Der Gartenbaukurs dauert zwei Jahre, der Obstbaukurs ein Jahr. Im Jahre 1910/11 belief sich die Besucherzahl auf insgesamt 21 (siehe Prospekt 1910/11). Eine Gärtnerlehranstalt von ähnlicher Organisation ist in Bayern in Veitshöchheim bei Würzburg. Andere noch namhafte süddeutsche Gärtnerlehranstalten befinden sich in Reutlingen für Württemberg und in Weinheim a. d. Bergstr. für Baden.

Für das Königreich Sachsen kommt als wichtigste Gärtnerlehranstalt „Die Gartenbauschule des Gartenbauverbandes für das Königreich Sachsen" in Betracht. Diese Anstalt, die unter der Oberaufsicht des Ministeriums steht, wurde 1892 gegründet und hatte bis 1907 ihren Sitz in Dresden. Seitdem aber befindet sie sich in Laubegast bei Dresden, im Zentrum der weltberühmten Handelsgärtnereien. Sie besteht aus zwei Abteilungen (siehe Prospekt 1910/11):

1. Aus einem einjährigen Kursus, „bei dessen Lehrzielen das Hauptgewicht auf ein gründliches Studium des praktischen Gartenbaues und auf kaufmännische Wissenschaften gelegt ist und den jungen Gärtnern mit einer guten Volksschul- oder ähnlichen Bildung offen steht", und

2. aus einem höheren Kursus von zweijähriger Dauer, in dem neben dem allgemeinen Gartenbau die Gartenkunst eine besondere Pflegestätte findet und die auch der Vermittelung einer gediegenen Allgemeinbildung dienen soll.

Zur Aufnahme ist das Zeugnis aus der Tertia eines Gymnasiums, Realgymnasiums, einer Realschule oder auch den ersten Klassen einer Bürgerschule oder eine gleichwertige Bildung erforderlich. Jeder Vollschüler, von denen jedesmal nur 30 aufgenommen werden, muß schon mindestens zwei Jahre praktisch gelernt haben und an allen Hauptfächern teilnehmen. Von Hospitanten wird die Lehre nicht verlangt, auch können sie beliebigen Lehrfächern beiwohnen. Schülerinnen können auch in beide Kurse eintreten, sofern sie die entsprechende Schulbildung und die geforderte praktische Lehrzeit absolviert haben. Die wichtigsten Unterrichtsstufen erstrecken sich auf Gartenbau, Obst- und Gemüsebau; Planzeichnen, Gartentechnik, Feldmessen und Gartenkunst, Botanik, Pflanzenschutz, Bodenkunde und Düngerlehre, Chemie, Physik und Wetterkunde; Gewächshausbau, Heizungs- und Bewässerungsanlage und die wichtigsten kaufmännischen Disziplinen, sowie deutsche und fremde Sprachen. Der Unterricht wird augenblicklich von 15 Lehrern vermittelt, die aber sämtlich nur nebenamtlich an der Anstalt wirken.

Seit 1907 besteht an der Anstalt auch eine Obergärtnerprüfung, zu welcher alle diejenigen ehemaligen Schüler zugelassen werden, die den zweijährigen Kursus in den Leistungen mit „gut" absolviert haben und nach Abgang von der Schule eine vierjährige Praxis nachweisen können. Die Prüfung zerfällt in eine schriftliche und mündliche; letztere findet unter dem Vorsitz eines Königlichen Kommissars statt. Sie kann a) in gärtnerischer Pflanzenzucht, b) in Obst- und Gemüsebau, c) in Landschaftsgärtnerei und d) in botanischer und Versuchsgärtnerei abgelegt werden. Alles Nähere entnehme man dem Jahresbericht. Hervorzuheben wäre nur noch, daß die Ausbildung eine rein theoretische ist. Aber es finden alljährlich zahlreiche Exkursionen nach den in der allernächsten Nähe befindlichen großen Gärtnereibetrieben statt, wodurch ein vollständig gleichwertiger, ja, wie von manchen Fachmännern behauptet wird, besserer Ersatz für die an anderen Schulen geübte Praxis geboten ist.

[1] Wie die Verhältnisse liegen, zeigt eine Zusammenstellung, die der Allgemeine deutsche Gärtnerverein (Gehilfenorganisation) im Jahre 1898 veranstaltet hat. Es wurden in den 1699 Gesuchen, die von seiten der Arbeitgeber eingingen, verlangt: 65 Verheiratete und 1634 Ledige. Dem Alter nach sollten sein über 30 Jahre 48, zwischen 23—30 Jahre 591 und unter 23 Jahre 1060.

Die Gehilfen und Lehrlinge wohnen entweder im Hause des Betriebsinhabers, oder es ist im Garten für sie ein besonderes Gebäude errichtet, von dem vielfach die Rückseite zugleich die eine Längsseite eines Gewächshauses bildet. Die innere Einrichtung dieser Gehilfenwohnungen ist einfach, leider nur zu oft zu primitiv, was seitens der Gehilfenschaft häufig genug noch zu berechtigten Klagen Anlaß gibt. In der Regel sind nur zwei Räume vorhanden, ein größerer, der als Schlafzimmer dient und ein kleinerer, in dem die Mahlzeiten eingenommen werden und in dem sich das Personal während der freien Zeit aufhält. Außer der Wohnung wird aber vielfach noch Kost gewährt, und zwar entweder volle Beköstigung oder nur Frühkaffee mit Brödchen und Nachmittagskaffee, der während der Wintermonate wegen der Kürze der Tage meist am Abend verabreicht wird. Die Einrichtung der vollständigen Gewährung von Kost und Logis, der sogenannten freien Station, trifft man heute nur noch in der Gärtnerei der kleinen und mittleren Städte, sowie auf dem Lande an; in den Betrieben, die in der Nähe der Großstädte gelegen sind, hat man sie schon längst aufgegeben. Allerdings freie Wohnung mit Frühkaffee und Brödchen findet man auch dort noch allgemein durchgeführt. Aus praktischen Gründen hat man diese Einrichtung beibehalten, die für beide Teile, für Arbeitgeber wie Arbeitnehmer, von Vorteil ist. Der Betriebsinhaber hat nämlich dann sein Personal zu jeder Zeit, vor allem im Falle eines Unwetters in der Nacht, wo Hilfskräfte rasch bei der Hand sein müssen, zur Verfügung. Für das Personal besteht der Vorteil darin, daß es nicht weit zur Arbeitsstätte zu gehen und außerdem nicht die teure Garçonmiete zu bezahlen hat. Nur müßte von seiten der Betriebsinhaber bedeutend mehr noch für die Wohnräume ihres Personals getan werden, damit es sich wohl fühlt und nicht allzusehr die von Hause aus gewöhnte Ordnung und Reinlichkeit vermißt. Es ist gerade in diesem Punkte seitens der Gärtnereiinhaber früher sehr gesündigt worden und Wohnräume, die eher den Charakter eines Schuppens als den menschlicher Wohnungen hatten, waren bis in die neueste Zeit hinein gar nicht selten anzutreffen.

Was ist über die heutige Arbeitszeit zu sagen? Gearbeitet wurde früher im allgemeinen länger als heute und eine 12- bis 13-, ja sogar 14stündige Arbeitszeit war nichts seltenes. Heute besteht allgemein eine durchschnittlich 11stündige Arbeitszeit, früh von 6 bis mittags 12 Uhr und von 1 bis 7 Uhr abends. Davon geht aber am Vormittag wie am Nachmittag je eine halbe Stunde für Frühstücks- bzw. Vesperpause ab. Es ist, wie man sieht, eine verhältnismäßig lange Arbeitszeit, aber eine noch kürzere einzuführen, ist nach Ansicht der Gärtner allgemein unmöglich, da der Betrieb erheblich darunter leiden würde. Jedenfalls ist es für denjenigen, der den Betrieb einigermaßen kennt, sicher, daß eine auf die Minute festgesetzte Arbeitszeit sich in der Gärtnerei überhaupt nicht durchführen läßt. Etwa aber gar, wie seitens der Gehilfenschaft zu wiederholten Malen versucht worden ist, wie in der Industrie, so auch in der Gärtnerei einen Normalarbeitstag, z. B. einen Neunstunden- oder sogar Achtstundentag einzuführen, davon kann erst recht keine Rede sein. Eine solche Forderung kann nur erhoben werden bei vollständiger Verkennung der Verhältnisse in der Gärtnerei. Denn erstens ist eine systematische Arbeitsteilung, wie sie in der Industrie besteht, in der Gärtnerei nicht durchführbar. Die Pflanze ist ein Lebewesen und verlangt gebieterisch oft sofortige Hilfe. Die Tätigkeit des Gärtnergehilfen ist vielseitig; sie setzt sich täglich aus einer Kette der mannigfachsten, vielfach voneinander abhängigen Verrichtungen zusammen, die keine beliebige Unterbrechung vertragen. Während der Industriearbeiter, der größtenteils einer mechanischen Tätigkeit untersteht, mit dem Glockenschlag sein Werkzeug aus der Hand legen und am nächsten Tage da fortfahren kann, wo er am Abend vorher aufgehört hat, ist dies bei dem Gehilfen im Gartenbau undenkbar. Wir erinnern hier nur an das Gießen, Luftgeben, Schattieren, Zudecken und Abdecken der Gewächshäuser, das sind Arbeiten, die zu Ende geführt werden müssen, ehe von einer Einstellung der Tätigkeit die Rede sein kann. Es gibt nur wenig Arbeiten, die eine beliebige Unterbrechung vertragen und zu jeder Zeit wieder aufgenommen werden können, ohne daß dadurch der Betrieb eine erhebliche Störung erleidet. Hierher gehören z. B. Erdarbeiten. Dazu kommt zweitens, daß viele der täglich zu erledigenden Arbeiten nur zu einer ganz bestimmten Zeit am Tage ausgeführt werden können. Die Verschiebung auf eine andere Tageszeit würde großen Schaden für die einzelnen Kulturen zur Folge haben. So gilt es z. B., im Sommer abends nach 6 oder 7 Uhr noch Luft wegzunehmen oder zu spritzen; mit dem Gießen kann in der Regel auch erst nach 4 Uhr begonnen werden. Drittens spielt die Jahreszeit eine wichtige Rolle. Im Frühjahre, wenn der Betrieb im Freien aufgenommen wird, ist die Hauptarbeit zu leisten. Da kommt es häufig vor, daß mehr als 11 Stunden gearbeitet wird. In dieser Zeit stellt sich auch regelmäßig ein Gehilfenmangel ein und die Betriebsleiter sind dann meist gezwungen, ungelernte Gartenarbeiter in Dienst zu nehmen, um die Arbeit zu bewältigen. Während der Sommermonate flaut dann die Arbeit etwas ab, höchstens daß in heißen und trockenen Sommern das Gießen viel Zeit und Mühe kostet. Zum Herbst nimmt dann die Tätigkeit wieder stark zu. Es ist nämlich die Zeit des Einräumens und Versandes; die Kulturen, die während des Sommers im Freien gestanden haben, werden in die Häuser zur Überwinterung gebracht.

Die Konkurrenz, unter der die Kleinbetriebe zu leiden haben, ist eine überwiegend inländische und wird von den großen Betrieben ausgeübt. Sehr häufig werden daher die Kleinbetriebe der Blumengärtnerei, um lebensfähig zu bleiben, in Verbindung mit einer Gemüsegärtnerei betrieben. Solche Betriebe stellen das größte Kontingent der sogenannten „Mischbetriebe“.

Am besten hält sich ein wenig spezialisierter Kleinbetrieb in Verbindung mit einem Ladengeschäft. Die wertvollen und teuren Pflanzen werden dann meist von den Spezialbetrieben fertig oder halbfertig zur weiteren Behandlung bezogen und gelangen danach später im eigenen Laden zur Veräußerung. Der Kleinbetrieb ist dabei insofern günstig gestellt, als er diese — man möchte sagen — Halbfabrikate in seiner Behandlung zur Blüte und Verkaufsfähigkeit bringen und dadurch einen leidlichen Gewinn erzielen kann. Ein gut geleitetes Ladengschäft ist dabei oft einträglicher als der Gärtnereibetrieb. Viele Leute kaufen nämlich lieber in einem Laden, dessen Inhaber ein Fachmann ist, weil sie hier am besten und billigsten bedient zu werden glauben.

Steht dem kleinen Betriebe aber kein Laden zur Verfügung, so findet auch häufig der Übergang zum reinen Gemüsegärtnerei-Betriebe statt, weil dieser lohnender ist. Das Absatzgebiet der Kleinbetriebe ist lokal; es wird nur der in unmittelbarer Nähe befindliche Markt mit Waren versorgt; Versendung kommt nur dort vor, wo sich der Kleinbetrieb infolge Spezialisierung auf wenige Produkte beschränkt hat. Die regelmäßigen Abnehmer der ladenlosen Betriebe sind die kleinen Blumengeschäfte, die sich in letzter Zeit stark vermehrt haben und deren Inhaber meist keine Gärtner sind. Solche Geschäfte zahlen oft säumig und nehmen möglichst lange den Kredit ihres Blumenlieferanten in Anspruch. Der Gärtner ist in den meisten Fällen gezwungen, diesen Kredit zu gewähren, wenn er nicht die Kundschaft verlieren will. Unter diesen mißlichen Kreditverhältnissen leidet die ganze Blumengärtnerei, und die Klagen, die man in den Zeitungen und Zeitschriften liest, sind zum größten Teile berechtigt.

Das Absatzgeschäft besorgt, wie bei den alten Kunst- und Handelsgärtnereien, die Frau des Betriebsinhabers. Es vollzieht sich in der Weise, daß an jedem Nachmittag „der Markt“, wie man sich auszudrücken pflegt, für den nächsten Tag zurecht gemacht wird, d. h. die Pflanzen, die bestellt sind, werden zunächst ausgesucht und in den Packschuppen gebracht, um hier sorgfältig in Papier und dann in große flache und runde Weidenkörbe verpackt zu werden. Am frühen Morgen des anderen Tages werden die Körbe mittels eines Tafelwagens, in neuerer Zeit vielfach in einem geschlossenen Wagen, in sehr kleinen Betrieben auf Handwagen nach dem Bestimmungsorte gebracht, entweder an die einzelnen Blumengeschäfte oder an die auf offenem Markt sitzenden Blumen- und Pflanzenhändlerinnen. Dabei begleitet gewöhnlich die Frau den Wagen und überwacht so den Absatz, kassiert die Rechnungen ein und nimmt neue Bestellungen für den nächsten Tag entgegen. Wenn nur bestellte Pflanzen und Schnittblumen abgesetzt werden, vollzieht sich der Absatz sehr rasch. In neuerer Zeit wird aber vielfach auch ohne Bestellung geliefert. Es wird täglich so viel an Waren zurecht gemacht, wie man Absatz am nächsten Tag erhofft. Die Blumengeschäfte werden dann der Reihe nach, wie sie am Wege liegen, aufgefordert, ihren Bedarf zu decken. Trotzdem daß sich hierbei allmählich ebenfalls eine feste Kundschaft herausbildet, dauert naturgemäß das Absatzgeschäft viel länger, es erstreckt sich vielfach über den ganzen Vormittag. Wie immer der Absatz sich vollzieht, eine tüchtige Geschäftsfrau ist die Hauptsache. Sie hat auf das Gedeihen des ganzen Unternehmens einen wesentlichen Einfluß. Beide, der Betriebsinhaber und seine Frau, müssen sich ergänzen; jener hat für umsichtige Geschäftsleitung und diese für dauernden Absatz Sorge zu tragen.

Leider aber besteht ein großer Übelstand für die kleinen Betriebe, der ihre Leistungsfähigkeit gegenüber den Großbetrieben von vornherein beeinträchtigt. Den Inhabern fehlt nämlich oft jede Berechnung und Schätzung der Produktionskosten. Daher kommt es, daß viele Betriebsleiter, die nicht die notwendige kaufmännische Befähigung besitzen, mit ihrer Familie oft ein kümmerliches Dasein fristen, wenn sie nicht gar im Konkurrenzkampfe ganz unterliegen.

Die Frage, ob diese kleinen, wenig spezialisierten Betriebe ferner gedeihen können, dürfte in folgendem Sinne zu beantworten sein.

In den kleinen Städten werden sie weiter bestehen. Sie sind dort, wo ein oder wenige Betriebe vorhanden sind, zunächst nicht anders denkbar, nur müßte die Produktionsteilung an Umfang und Bedeutung weiter gewinnen. Wo aber große Konkurrenz herrscht, werden sie in ihrer jetzigen Form sich nur in Verbindung mit einem Ladengeschäfte oder unter Verwendung der billigen Arbeit ihrer Familienangehörigen und Lehrlinge halten können

II. Die Mittel- und Großbetriebe haben sich im Gegensatze zu den Kleinbetrieben immer mehr spezialisiert und namentlich solche Kulturen an sich gezogen, für die ein Massenbedarf in denjenigen Kreisen vorhanden ist, die als Blumenkonsumenten von Wichtigkeit sind. Die Mode spielt dabei eine sehr wesentliche Rolle. Es gab früher Blumen, die allgemein üblich waren, wie Fuchsien, Lack u. a., die aber jetzt aus der Mode gekommen und die, wie wir gesehen haben, dem Kleinbetriebe verblieben sind. Die zur Zeit hauptsächlichsten Modeblumen, die man fast überall an den Fenstern und auf den Blumentischen der feineren Häuser sehen kann, sind Azaleen, Rosen, Rhododendren, Chrysanthemen, Eriken, Nelken, Begonien u. a. Es sind zumeist Kulturen, bei denen der Faktor Kapital einen wesentlichen Einfluß hat und denen eine gleichartige Behandlung zuteil werden kann.

Unter den Mittel- und Großbetrieben in der Blumengärtnerei lassen sich vier verschiedene Arten unterscheiden, die zum Teil zwar noch in der Entwickelung begriffen sind. Meist sind sie noch miteinander vermischt. Jedoch treten sie immer mehr zutage und können schon als Typen angesehen werden, die einer Gärtnerei ihren besonderen Charakter verleihen. Sie werden sich im Laufe der Zeit sicher noch schärfer herausbilden.

1. Die Schnittblumengärtnerei im Freien und in Häusern. Sie befaßt sich mit der Anzucht von Schnittblumen zu Bindezwecken. Als solche Blumen kommen hauptsächlich in Frage: Maiblumen (Hauptorte: Leipzig, Dresden, Berlin, Wittenberg); Levkoyen (Erfurt, Quedlinburg und vorgenannte Plätze); Flieder (besonders bei Berlin);

Rosen; Bindegrün usw. Der Bedarf an derartigen Blumen für Binderei und Einzelverkauf ist in den letzten Jahren sehr stark gewachsen, sodaß trotz gewaltiger Einfuhr in diesem Zweige sehr große Betriebe vornehmlich für Schnittblumentreiberei entstanden sind. Diese Massenartikel werden, weil sie wenig individuelle Behandlung verlangen, in ziemlich arbeitsextensiven Betrieben gezüchtet, vielfach sogar auf Feldern, die sich an die Gärten anschließen. Es gibt Gärtnereien, die von derartigen Schnittblumenpflanzen in einer Spezies hunderttausende haben und in der Saison täglich einige Wagenladungen geschnittener Blumen in den Handel bringen.

2. Als zweiten Typus kann man die Gärtnereien betrachten, die vorwiegend Blumen und Pflanzen kleineren Umfanges in Töpfen, im Freien oder Gewächshäusern und Beeten züchten. Solche Betriebe sind stark spezialisiert und ziehen nur wenig Sorten. Zu Massenkulturen sind hervorragend geeignet Azaleen, Kamelien, Eriken, Pelargonien, Primeln, Petunien, Cinerarien u. a., die zu hunderttausenden kultiviert werden. Die Gärtnereien versenden ihre Produkte fertig an die großen Blumengeschäfte und die sogenannten Handelsgärtnereien. Von den ungeheuren Massen, in denen diese Topfpflanzen gezüchtet werden, kann man sich einen Begriff machen, wenn man die Anzeigenblätter durchliest. Da werden viele Tausende von Pflanzen einer einzigen Sorte von einer Firma angeboten[1].

3. Mit der zuletzt genannten meist verbunden und am wenigsten hervortretend ist die dritte Form. Sie umfaßt diejenigen Gärtnereien, die besonders große Kulturen bevorzugen, deren Anzucht kostspielige Anlagen, Treibhäuser usw. erfordert. Es sind dies in der Regel die umfangreichen, baumartigen, aus den südlichen und auch anderen Ländern (Belgien) importierten Pflanzen, die in Holzbottichen stehen und noch nicht so weit akklimatisiert sind, daß sie mit den gewöhnlichen Mitteln eines kleinen Betriebes erfolgreich gezüchtet werden können, wie Palmen, Araukarien u. a. Da diese Pflanzen namentlich in den Anfangsstadien Schwierigkeiten in der Kultivierung verursachen, so werden sie vielfach von den Großbetrieben nur so lange im Betriebe behalten, bis sie in halbfertigem Zustande an die kleineren Betriebe abgesetzt werden können, von denen sie bis zur Vollendung und dann in den Kleinhandel gebracht werden. Diese Art der Produktionsteilung, daß der eine Betrieb die Anfangsstadien der Produktion und ein anderer die weitere Behandlung übernimmt, dehnt sich stetig aus. Natürlich bringen auch solche Gärtnereien viele ihrer Produkte im eigenen Betriebe zur Vollendung und übermitteln sie Landschafts- und Dekorationsgärtnern in fertigem Zustande.

Die drei vorgenannten Typen kann man geradezu als Pflanzenfabriken bezeichnen; denn die Herstellung erfolgt fabrikmäßig in Massen und der Unternehmer beschäftigt eine große Anzahl von Arbeitern in seinem Betriebe.

---

[1] Vgl. die Aufzählungen bei **Zürn**, a. a. O., S. 123.

4. Endlich als vierte Form kommen die sogenannten Handelsgärtnereien in Frage. Sie züchten zwar selbst sehr zahlreiche Arten von Pflanzen, beziehen aber die meisten fertig oder halbfertig von den Spezialbetrieben. Sie befassen sich hauptsächlich mit dem Absatz an die Blumengeschäfte und Händler. Diese Handelsgärtner spielen die Vermittler zwischen den Spezialisten und den Blumenverkäufern. Während die Inhaber der ersten drei Typen fast ausschließlich Urproduzenten sind, gehören die Inhaber dieser Form sowohl den Urproduzenten als auch den Gewerbetreibenden an. Ihre rechtliche Stellung läßt sich daher schwer fixieren. Sie haben in letzter Zeit nicht bloß an Zahl, sondern auch an Umfang gewaltig zugenommen, wie man aus den Inseraten der Anzeigenblätter ersehen kann. Sie widmen sich dem Massenvertriebe. Eine einzige Firma in Erfurt hatte nach ihren Angaben einen Jahresumsatz von mehr als 15 Millionen Stück Pflanzen und Zwiebelgewächsen.

Das erforderliche Kapital für die vier Arten ist bedeutend. Den größten Teil davon beanspruchen die mit allen Mitteln der Technik und nach den neuesten Konstruktionen errichteten Gewächs- und Treibhäuser, sowie die ihrer Erwärmung dienenden Heizungsanlagen. Während früher, wie wir gesehen haben, der Gärtner seine Häuser selbst erbaute, sind jetzt besondere Industrieunternehmungen zum Bau von Gewächshäusern und deren Einrichtung entstanden. Manche von ihnen beschäftigen Hunderte von Arbeitern und liefern alle möglichen in der Gärtnerei verwendeten Artikel vom Gewächshause bis zur Gießkanne, von der Baumschere bis zum Bastfaden[1].

Die Anlage und Einrichtung der Gewächshäuser ist je nach den Kulturen verschieden, die darin untergebracht werden sollen. Man unterscheidet Gemüsetreibhäuser, Warmhäuser für tropische Pflanzen, temperierte und Kalthäuser für Pflanzen gemäßigter Klimate, ferner Wein- und Pfirsichhäuser, Gurkenhäuser, Rosen- und Nelkenhäuser, Palmenhäuser und Überwinterungsräume. Dem gärtnerischen Verfahren nach kann man ferner die Häuser einteilen in Vermehrungshäuser, Anzucht- und Aufbewahrungshäuser.

In den Vermehrungshäusern werden die zu kultivierenden Pflanzen auf Warmbeeten durch Samen, Stecklinge oder Veredlungen, d. h. Kopulanten, Okulanten usw. so lange gepflegt, bis sie dem Entwickelungsstadium entwachsen sind. Die Keime und bewurzelten Stecklinge werden dann in Töpfe verpflanzt und in den Kulturhäusern zur weiteren Anzucht bis zur vollen Ausbildung gebracht.

Die Bauart der Gewächshäuser richtet sich in erster Linie nach dem Standort und nach der Himmelsrichtung. Hier seien nur kurz die Grundregeln festgelegt, nach denen ein Gewächshaus errichtet werden muß. Das Haupterfordernis für das Leben der Pflanzen ist das Licht; seinem ungehinderten Zutritt muß daher auch beim Bau

[1] Eine der bedeutendsten Spezialfabriken für Gewächshausbau und Heizungsanlagen ist die Firma Höntsch & Co. in Dresden-Niedersedlitz. Sie beschäftigt in ihren 27 verschiedenen Abteilungen ca. 600 Beamte und Arbeiter und besitzt eine eigene Gärtnerei zu Versuchszwecken.

von Gewächshäusern am meisten Rechnung getragen werden. Da nun der größte Lichteinfall von Süden erfolgt, so müssen die Gewächshäuser so angelegt werden, daß die Mittagssonne günstig einwirken kann. Dies geschieht bei einseitigen, an eine hohe Rückwand gebauten Häusern, sobald die Glasfläche nach Süden, bei gleichseitigen sogenannten Sattelhäusern, der Giebel nach Süden zeigt. Aber nicht nur das Dach muß von Glas sein, sondern auch in die Seitenwände müssen sogenannte Stehfenster eingebaut werden, so daß das Licht von allen Seiten freien Zutritt hat. Man muß allgemein den Grundsatz verfolgen: Je wärmer, je feuchter ein Gewächshaus sein soll, desto heller muß es sein. Vor allen Dingen muß man immer eine möglichst genaue Nachahmung des Klimas erstreben, denn nur so ist eine gedeihliche Entwickelung, ein regelmäßiges Wachstum der Pflanzen verbürgt.

Vermehrungshäuser sind im allgemeinen Sattelhäuser und niedriger als die anderen Kulturhäuser, damit die jungen Pflanzen möglichst nahe am Glase stehen. Sie sind auch wärmer zu halten. Vermehrungshäuser müssen so eingerichtet sein, daß sie den unbewurzelten Stecklingen keinerlei Wasserverdampfung zumuten, ja diese Verdunstung womöglich so lange ganz verhindern, bis der Steckling Zeit gefunden hat, selbst Wurzeln zu bilden.

Die Kultur- und Erhaltungshäuser, die weniger warm zu sein brauchen, baut man gewöhnlich gegen Südost oder Südwest, Kalthäuser gegen Osten oder Westen, Tropenhäuser direkt gegen Süden. Die Frühbeetkästen baut man ebenfalls gegen Süden. Aber auf die Lage der Gewächshäuser kommt es erst in zweiter Linie an.

Trockene Warmhäuser, nach Süden gelegen, eignen sich für Kakteen; feuchte Warmhäuser gegen Süden für Orchideen, Farren, Palmen und Wasserpflanzen. Gemäßigte Häuser verwendet man zur Anzucht von Pelargonien und die meisten Stubenpflanzen, Kalthäuser für Kamelien, Azaleen, Erika, Zwiebelgewächse, Rosen u. a.

Früher hatte man die Gewohnheit, die Gewächshäuser der Wärme wegen tief in die Erde zu bauen. Heute ist man jedoch davon gänzlich abgekommen, und die modernen Anlagen werden zu ebener Erde errichtet, denn die Ersparnis an Heizung wiegt nicht die Nachteile auf, die durch das tiefe Einbauen in die Erde entstehen. Die kellerhafte Luft solcher Häuser ist für das Gedeihen der Pflanzen schädlich.

Von großer Wichtigkeit ist ferner die Neigung der Glasflächen der Gewächshausdächer. Sie richtet sich ganz und gar nach den verschiedenen Kulturen und schwankt zwischen 18° bis 60°; der mittlere Neigungsgrad ist 30°, entsprechend der Sonnenhöhe unserer Breite.

Das Material, aus dem die Gewächshäuser errichtet werden, besteht außer dem Mauerwerk für den Unterbau ausschließlich in Holz oder Eisen. Früher baute man fast sämtliche Gewächshäuser aus Eisen, in dem Bestreben, eine dauerhafte Anlage zu schaffen. Es stellte sich jedoch der große Nachteil solcher Konstruktionen heraus, denn bekanntlich ist das Eisen ein guter Wärme- und Kälteleiter.

Es findet daher zwischen innen und außen ein lebhafter Wärmeaustausch statt, der sich namentlich im Winter dadurch sehr übel bemerkbar macht, daß die Luft in solchen eisernen Gewächshäusern sich sehr schnell abkühlt. Dazu kommt der Umstand, daß ein eisernes Gewächshaus sehr stark schwitzt, d. h. die warme Luft schlägt sich im Innern an den kalten Eisensprossen nieder und tropft bei wenig steiler Dachneigung stark ab. Die Folge davon ist, daß das Eisen, wenn es nicht oft gestrichen wird, sehr schnell rostet. Solche von Eisenrost durchsetzte Tropfen sind sehr schädlich für die Pflanzen; treffen sie in deren Herz, so sind diese Pflanzen (namentlich Dieffenbachien) unrettbar verloren.

Ein weiterer Übelstand besteht darin, daß das Eisen sich im Sommer ausdehnt und dadurch der an sich schon an Eisen nicht gut haftende Kitt, der zum Befestigen der Scheiben dient, sehr schnell abbröckelt. Alle diese Nachteile weist das Holz nicht auf, obwohl man ihm nachsagt, daß es sehr rasch verfault. Jedoch hat man heute die Haltbarkeit des Holzes durch Imprägnieren bedeutend erhöht, so daß dieser Übelstand so gut wie gehoben anzusehen ist. Ganz und gar ist jedoch das Eisen vom Holze nicht verdrängt worden; man verwendet nämlich das Eisen überall dort, wo das Holz der Fäulnis stark ausgesetzt ist und das Holz an den Stellen, wo es seine guten Eigenschaften, nämlich Schwitzwasserfreiheit und Wärmehaltung, zur vollsten Geltung bringen kann. Diese kombinierte Holz- und Eisenkonstruktion hat sich aufs beste bewährt; die Eisenkonstruktionen bestehen gewöhnlich aus Schmiedeeisen, während man die Dachsprossen meist aus dem dauerhaften amerikanischen „Pitchpine-Holz" herstellt.

Ein gleichseitiges Gewächshaus mit abnehmbaren Fenstern und Eisenkonstruktion mit Untergemäuer fertig aufgestellt, 18 m lang und 3,5 m breit, kostet ungefähr 1000 M., dasselbe 70 m lang und 7 m breit, 6000 M.

Neben der Gewächshauseinrichtung bildet die Heizungsanlage[1] einen wesentlichen Kapitalsfaktor der modernen Gärtnereibetriebe. Während in den kleinen Betrieben meist jedes Gewächshaus mit einer eigenen, vielfach nach alten Konstruktionen erbauten Heizungsanlage versehen ist, hat man sich in den Mittel- und Großbetrieben der Zentralheizung zugewendet, so daß von einer Stelle aus alle Häuser mit der den einzelnen Kulturen zweckdienlichen Temperatur versorgt werden können. Dabei hat sich in neuerer Zeit die Niederdruck-Warmwasserheizung als die vorteilhafteste Art der Gewächshausheizung erwiesen. Die Hauptanforderung ist naturgemäß an den Kessel zu stellen. Es muß ein leistungsfähiger, Dauerbrand haltender und sparsamer Warmwasserkessel sein. Der Kessel muß etwas tiefer stehen, als der Fußboden der zu heizenden Glashäuser.

[1] Einen interessanten Versuch, die Kräfte der Natur zum Treiben der Pflanzen zu verwerten, schildert anschaulich Dietrich: Die Erdbrände und die Treibgärtnerei in Planitz. Jahresbericht des Vereins für Naturkunde. Zwickau 1873. Neu abgedruckt 1897.

„Vom Kessel geht das sogenannte Steigerohr nach der Decke des Heizraumes empor, woselbst sich der höchste Punkt der Heizung befinden soll. Alsdann verteilt sich die Warmwasserleitung und tritt in die Gewächshäuser ein, wobei sich das Hauptrohr in so viel Heizstränge verzweigt, als zur Erwärmung des Glashauses nötig sind. Ein Teil der Röhren wird an der Glasfläche montiert, um Oberwärme zu erzeugen und das Schwitzwasser zu verdunsten. Die meisten Rohrstränge sind jedoch unter die Pflanzentische, unter das Vermehrungsbeet usw. zu legen. Vor allen Dingen muß die Wärme von unten erzeugt werden und den Wurzeln zugute kommen, da die warme Luft schließlich von selbst nach oben steigt. Die Rohrstränge bestehen meist aus glatten, patentgeschweißten Siederöhren von 60—100 mm Durchmesser. Sie laufen durch die ganze Länge des Gewächshauses, fallen am Giebel nach unten und gehen als Rücklaufrohr nach dem Kessel zurück. Das heiße Wasser steigt nun durch seinen eigenen Auftrieb vom Kessel in das Standrohr, um dann vom höchsten Punkte mit stetem Gefälle nach den Heizröhren zu gelangen. Es fließt durch das Gewächshaus hin und zurück und tritt stark abgekühlt am tiefsten Punkte wieder in den Kessel ein. Das Feuer im Kessel erwärmt das Wasser aufs neue, und so wiederholt sich ohne Ende ein Kreislauf des heißen Wassers, welches seine Wärme an die Heizröhren abgibt und dadurch jene für die Pflanzen allein dienliche milde Wärme erzeugt. Ein Teil der Rohrstränge ist mit Ventilen oder Verstellklappen versehen, damit man dieselben nach Bedarf regulieren event. ganz abstellen kann; z. B. wird bei gelinderem Wetter nur im Warmhause geheizt, während im Kalthause die Strahlen der winterlichen Sonne zur genügenden Erwärmung ausreichen."[1]

Zur Düngung verwendet man neben dem Naturdünger in steigendem Maße künstlichen Dünger, vor allem Kali und Salpeter. Es gibt für die einzelnen Pflanzen verschiedene Spezialdüngersorten, deren Einwirkung, wie die Gärtner selbst versichern, vielfach den Pflanzen nicht gerade zum Vorteile gereichen. Zwar wachsen die Pflanzen schneller, geben reichlichere Blüte und können um so eher aus dem Betriebe gebracht werden; aber sie sterben unter Umständen leichter ab und hören früher auf zu blühen, wenn für ihre Weiterpflege und Ernährung nichts geschieht. In neuerer Zeit hat man an den pflanzenphysiologischen Versuchsstationen (siehe S. 77) erfolgreiche Düngungsversuche angestellt, die hier rühmend erwähnt zu werden verdienen[2].

Der künstliche Dünger wird in der Regel, da ein Betrieb immer eine größere Quantität verbraucht, wie die meisten anderen Rohstoffe, vom Fabrikanten direkt bezogen, gegen bar oder dreimonatliches Ziel. Der Handel hat auf diesem Gebiete nur geringen Spielraum zu seiner Betätigung. Wer kleinere Portionen benötigt, kann seinen Bedarf in den Samenhandlungen decken. Der direkte Bezug des Düngers

[1] Vgl. Höntsch & Co., Hauptkatalog S. 258ff.

[2] Vgl. Mitteilungen aus der pflanzenphysiologischen Versuchsstation am Kgl. Botanischen Garten zu Dresden. Sonderabdruck aus den Berichten der „Flora" 1907—1909.

von den Fabriken ist jedoch wegen der in gleichmäßiger Qualität und Billigkeit bestehenden Vorteile immer vorzuziehen.

Während die Mittel und Einrichtungen zur Anzucht der Kulturen sich bedeutend vermehrt und verbessert haben, hat das bei der Behandlung der Pflanzen beobachtete Arbeitsverfahren fast gar keine Änderungen durchgemacht. Die Handarbeit ist vorherrschend. Maschinen können nur für wenige Vorrichtungen Verwendung finden, und zwar weniger für die spezifisch gärtnerischen als vielmehr für die Hilfsarbeiten. Großbetrieb und Kleinbetrieb treten mit demselben Arbeitsverfahren in den Konkurrenzkampf. Das Übergewicht des ersteren beruht hauptsächlich in der Kapitalüberlegenheit, in der genauen Kenntnis der Pflanzenbedürfnisse, der besseren kaufmännischen Leitung und der bei den Massenkulturen möglichen Arbeitsteilung, wodurch der Arbeiter in einigen Verrichtungen höhere Geschicklichkeiten erlangt.

Ungelernte Arbeiter kann man zu den rein gärtnerischen Arbeiten nicht verwenden. Dagegen ist es bei den Hilfsarbeiten, für die auch Maschinen in Gebrauch sind, angängig, sogar Frauen und Kinder heranzuziehen, wie zum Jäten, zum Abschneiden und Verpacken der Blumen. Zum Veredeln aber und zu anderen spezifisch gärtnerischen Arbeiten muß man Gehilfen haben, welche die Pflanzen und deren Anforderungen genau kennen und von Fall zu Fall zu beurteilen vermögen, was ihnen frommt. Das Veredeln z. B. ist eine rein manuelle Fertigkeit, die jeder erlernen kann. Die veredelten Pflanzen aber zum Anwachsen und zum Weitergedeihen zu bringen, beruht auf gärtnerischer Kenntnis, die nicht jeder besitzt.

Die Gehilfen haben, wie oben erwähnt, ihre Lehrzeit regelmäßig in einem kleinen Betriebe durchgemacht, die Großbetriebe halten in den seltensten Fällen selbst Lehrlinge.

Ist das alte patriarchalische Verhältnis, wie es früher zwischen Arbeitgeber und Arbeitnehmer bestand, schon in den Kleinbetrieben zur Seltenheit geworden, so hat es hier, in den Mittel- und Großbetrieben, vollständig aufgehört. Nur die Einrichtung, daß die Gehilfen beim Betriebsinhaber Wohnung nehmen, erinnert an die alte Zeit. Sie hat sich aus schon erwähnten, rein praktischen Gründen erhalten, aber in den Großbetrieben mit oft mehr als 50 Gehilfen wohnt naturgemäß nur der kleinste Teil der Gehilfenschaft beim Betriebsinhaber, der andere Teil muß bei Privaten wohnen.

Wir haben beim Kleinbetrieb gesehen, wie sich im allgemeinen die Altersverhältnisse der Gehilfen in der Gärtnerei gestalten. Die Entwickelung zum Großbetriebe ist für sie in dieser Hinsicht insofern etwas günstiger geworden, als dadurch mehr ältere und verheiratete Gehilfen beschäftigt werden, die früher, als der Kleinbetrieb allgemein war, sehr schwer Arbeit finden konnten und dann meist gezwungen waren, zu anderen Berufen überzugehen, ein Übelstand, der viele junge Leute von dem Gärtnerberufe abhielt.

Wer von den Gehilfen nicht gerade die Möglichkeit besitzt, sich später selbständig zu machen oder durch den Besuch einer guten

Gärtnerlehranstalt sich eine bessere Position, eine Lebensstellung, zu verschaffen weiß, für den bietet die Gärtnerei unter den gegenwärtigen Lohnverhältnissen nur ein bescheidenes Auskommen. Der Durchschnittslohn eines Gehilfen beträgt bei freier Wohnung 50—60 M. im Monat; ohne Wohnung erhöht sich der Lohn auf 70—80 M. Die Zahl der Gehilfen, die sich einmal selbständig machen werden, dürfte aber sehr klein sein; denn um einen Mittel- oder sogar Großbetrieb eröffnen zu können, dazu gehört heute ein großes Kapital, das wohl den wenigsten zur Verfügung steht. Aber auch die Zahl der gutbezahlten Obergärtnerstellen wird nicht groß sein, sodaß sich die Mehrzahl der Gehilfen mit obigem Lohne bescheiden muß. Zwar steigt er mit dem Alter, erreicht jedoch verhältnismäßig selten diejenige Höhe, um dem Gehilfen die Mittel zu gewähren, einen Haushalt damit zu bestreiten. Es ist deshalb das Bestreben der Gehilfenschaft, Zustände herbeizuführen, die möglichst vielen Berufsgenossen eine Lebensstellung als verheiratete Gehilfen bieten, nur aufs kräftigste zu unterstützen[1].

Zur Besserung dieser Verhältnisse und zur Regelung der Beziehungen zwischen Arbeitgebern und Arbeitnehmern und der beiderseitigen Leistungen sind an manchen Orten Tarifgemeinschaften ins Leben gerufen worden[2]. Um die Bestrebungen zusammenzufassen und ihnen eine einheitliche Richtung zu geben, hat der deutsche Gärtnerverband (neutrale Gehilfenorganisation) es unternommen, einen Entwurf zu einem Gärtnertarife für ganz Deutschland auszuarbeiten. Die wichtigsten Abschnitte desselben betreffen die Arbeitszeit und den Arbeitslohn.

Jene soll eine zehnstündige, ausschließlich der Pausen sein; soweit jedoch noch nichts festgesetzt ist, soll bis auf weiteres allgemein die täglich elfstündige Arbeitszeit gelten.

Der Lohn soll monatlich mindestens 73,50 M. betragen. Der Stundenlohn beträgt im Minimum bei elfstündiger Arbeitszeit 0,27 M., bei zehnstündiger 0,30 M. Gehilfen im ersten Jahre nach Beendigung der Lehrzeit und minderwertigen Kräften darf (von den obigen Sätzen) bis zu 20% weniger bezahlt werden, jedoch muß das bei der Anstellung ausdrücklich vereinbart werden. Für Nachtarbeit (zwischen abends 10 und morgens 4 Uhr) werden 0,25 M. als Aufschlag berechnet. Etwaige Akkordarbeiten können vereinbart werden, doch soll der Gehilfe bei zehnstündiger Arbeitszeit mindestens 95% des Tariflohnes erreichen können.

Alle diese Sätze sind natürlich nur als Mindestwerte gedacht und haben Kraft nur für diejenigen Betriebe, deren Inhaber sie anerkannt haben. Zur Schlichtung etwa entstehender Streitigkeiten sollen Schiedsgerichte eingesetzt werden, die zu gleichen Teilen aus Prinzipalen und Gehilfen bestehen. Zurzeit kommt indes diesen Tarifgemeinschaften keine größere Bedeutung zu. Nur verschwin-

[1] O. Albrecht, Die soziale Frage im Gärtnerberuf, S. 9.
[2] Der Handelsgärtner 1900, Nr. 40; 1903, Nr. 1.

dend wenige Arbeitgebervereinigungen haben mit ihren Angestellten einen Tarifvertrag abgeschlossen. Bei den eigenartigen Verhältnissen in der Gärtnerei, namentlich was ihre noch so gut wie gar nicht geregelte Rechtsstellung angeht, dürfte es bis zur Einführung einer allgemeinen Tarifgemeinschaft noch sehr lange dauern. Augenblicklich besteht eine starke Stimmung dagegen. Ob die Tarifgemeinschaften überhaupt jemals im gärtnerischen Berufe die Bedeutung erlangen werden wie anderwärts, ist sehr fraglich.

Zum Zwecke der Stellenvermittelung haben die Verbände Arbeitsnachweise errichtet. Gehilfen an kleineren Plätzen dagegen bedienen sich häufig des Zeitungsinserates oder oft auch gar keiner Vermittelung, sondern der persönlichen Anfrage bei dem Betriebsinhaber.

Werfen wir nun kurz einen Blick auf die Absatzverhältnisse im Mittel- und Großbetriebe, Entsprechend dem Umfange dieser Betriebe liegt ein Massenabsatz vor. Die lokale Bedarfsdeckung tritt hinter dem Versandgeschäft an Bedeutung zurück. Eigene Blumenläden unterhalten die Großbetriebe nur in den seltensten Fällen. Wo sie noch mit solchen Geschäften verbunden sind, stammen sie meistens aus der Zeit, in der die betreffenden Gärtnereien noch Kleinbetriebe waren. Die Fortführung des Ladens erfolgt dann vielfach aus Tradition. Allerdings genießen Geschäfte, hinter denen eine leistungsfähige, namhafte Gärtnerei steht, höheres Ansehen als diejenigen, deren Inhaber keine Gärtner sind. Um ihren Kunden in jeder Weise zu genügen, üben solche Betriebe nebenbei die sogenannte Dekorationsgärtnerei aus. Sie dekorieren Säle, Kirchen und Zimmer bei festlichen Gelegenheiten mit Blumen und Blattpflanzen. Vielfach werden solche Dekorationen auch von Friedhofsgärtnereien nebenbei ausgeübt, die aber in keinem besonders günstigen Rufe stehen, da sie die Dekoration mit Pflanzen (meist immer grünen) gegen Entgelt an Stelle von deren Anzucht stellen und größtenteils nur wertloses Material besitzen.

Ihren Kundenkreis suchen die großen Gärtnereien in der Hauptsache durch Verschickung von Katalogen und durch Anzeigen in den Annoncenblättern zu erwerben. Diese Blätter werden den Betriebsinhabern kostenfrei zugesandt und enthalten ausschließlich Anzeigen, für deren Einrückung ziemlich beträchtliche Beträge verlangt werden. Nichtsdestoweniger inseriert eine Firma vielfach in allen Blättern, weil der Konkurrent es ebenfalls tut.

Aber auch die Person des commis voyageur in Gartenbauartikeln ist eine durchaus bekannte Erscheinung. Namentlich senden viele Erfurter, Quedlinburger, Hamburger, Dresdner u. a. Großfirmen Reisende aus, die für die Häuser Aufträge zu erlangen suchen. Besonders bemerkenswert sind die sogenannten Orchideenreisenden, die namentlich von belgischen Großfirmen in die Tropenwelt ausgesandt werden, um daselbst Neuheiten ausfindig zu machen. Sie haben dabei oftmals harte Kämpfe mit den Eingeborenen und auch mit den klimatischen Verhältnissen des Landes auszustehen.

Den größten Teil der heimischen Produktion verbraucht das Inland. Die Ausfuhr bleibt weit hinter der Einfuhr zurück, wie Tafel 14 und 24 und die dazugehörigen Diagramme, Tafel 15 und 25, zeigen. Die beträchtliche Steigerung der Einfuhr an Pflanzen und Blumen ist daraus klar ersichtlich.

Allerdings hat die Einfuhr von Pflanzen mit dem Jahre 1905 ihren Höhepunkt erreicht. Seit 1. März 1906, seit Inkrafttreten der neuen Handelsverträge, bestehen nämlich für die bisher zollfrei nach Deutschland eingeführten lebenden Pflanzen folgende Zollsätze:

Pflanzen in Töpfen	M.	10.—	per	dz
Pflanzen, Bäume oder Erdballen	„	6.—	„	„
Rosen	„	12.—	„	„
alle übrigen Pflanzen	„	5.—	„	„

Zollfrei ist noch die Einfuhr von Palmen, indischen Azaleen, Lorbeerbäumen, Cycasstämmen ohne Wurzeln und Wedeln und Forstpflanzen.

Die Einfuhr von indischen Azaleen würde, wäre sie nicht zollfrei, ein anderes Bild ergeben. Die belgischen Gärtner haben nämlich durch die Hilfe der Belgischen Chambre syndicale trotz der sächsischen Gegnerschaft die Zollfreiheit erstritten.

Ist auch die Wirkung dieses Zolles nicht sehr bedeutend, wie man aus Tafel 14 ersieht, so ist doch mit dessen Einführung der Anfang dazu gemacht, die heimische Produktion vor der ausländischen zu schützen. Eine Erhöhung der Zollsätze, die augenblicklich von den Gärtnern aufs eifrigste angestrebt wird, dürfte ihre guten Folgen nicht verfehlen und nicht unwesentlich zur Hebung der heimischen Produktion beitragen. Sie würde namentlich verhindern, daß die billigen Sorten, die bei uns in besseren Qualitäten erzeugt werden, von dem Markte ferngehalten würden. Diese Zollsteigerung würde in erster Linie die Niederlande treffen, deren Einfuhr ja schon durch die bestehenden, verhältnismäßig niedrigen Zollsätze ziemlich stark gemindert worden ist. Augenblicklich beherrschen die Niederlande die Ausfuhr von Pflanzen; sie exportieren mehr als die Hälfte der übrigen Staaten nach Deutschland. Die erste Stelle verdanken sie ihrer Ausfuhr von Blumenzwiebeln, Baumschulerzeugnissen und dem billigeren Pflanzenmaterial der Blumengärtnerei. Belgien dagegen, das an zweiter Stelle steht, führt die besseren und teuren Sorten der Ziergärtnerei nach Deutschland ein. Wie sich die Ein- und Ausfuhr der verschiedenen Pflanzengattungen im Jahre 1910 stellt, ersieht man im einzelnen aus den Tafeln 16 bis 23. Die beigegebenen Diagramme zeigen außerdem, in welcher Jahreszeit der größte Umsatz erfolgt. Im allgemeinen sind das Frühjahr (März, April) und der Herbst (September, Oktober) die Zeit des lebhaftesten Versandes.

Der Wert der eingeführten Pflanzen belief sich im Jahre 1910 auf 9304000 M., der der ausgeführten auf 6717000 M. Ganz ähnlich liegen die Verhältnisse bei den Blumen, Blättern und Blüten zu Binde-

und Zierzwecken (Tafel 24). Die Einfuhr überwiegt natürlich auch hier ganz beträchtlich die Ausfuhr. Aber es sind andere Staaten, die miteinander in Wettbewerb treten. Es kommen in erster Linie die durch das südliche Klima begünstigten Länder in Betracht: Italien und Frankreich, von denen der letztere Staat den ersteren in jüngster Zeit überflügelt hat. Bemerkenswert ist, daß die Einfuhr aus Holland von Jahr zu Jahr bedeutender wird. Betrachten wir das dazugehörige Diagramm (Tafel 25), so sehen wir, daß hier die kalte Jahreszeit den bedeutendsten Umsatz aufzuweisen hat. Im November, Dezember, Januar, Februar, März und auch noch im April kommen ganze Wagenladungen frischer Blumen aus Südfrankreich (Nizza) nach Deutschland herein. Wie sich die Verhältnisse bei den wichtigsten Blumengattungen gestalten, ersieht man aus den Tafeln 26 bis 30. Der Wert der eingeführten Blumen belief sich 1910 auf 8151000 M.; der Wert der ausgeführten Blumen auf 1997000 M.

Überwiegt auch die Einfuhr der Quantität nach die Ausfuhr, so ergibt sich bei Vergleichung der dazugehörigen Werte, daß der Qualitätsunterschied zugunsten der exportierten Waren ausfällt, und zwar bei den Blumen mehr als bei den Pflanzen. Deutschland exportiert ungefähr $^1/_7$ der Einfuhr an Blumen, deren Wert sich jedoch auf ca. $^1/_4$ der eingeführten Blumen beziffert. Deutschland exportiert demnach Qualitätsware, führt aber im großen und ganzen minderwertige Ware ein. Zum Beweise der ersten Tatsache sei noch angeführt, daß trotz des hohen Zolles der Vereinigten Staaten (25 $^0/_0$ vom Wert) eine Ausfuhr von getrockneten Blumen, Blättern, zu Binde- und Zierzwecken und von Blumenzwiebeln in ziemlich bedeutenden Mengen nach der Union noch möglich ist. Aus diesem Grunde kann man einen Zoll auf Blumen, der bis jetzt nur auf frischen und getrockneten Cycaswedeln besteht, wo er 250 M. pro Doppelzentner beträgt, im Interesse der heimischen Produktion, namentlich zugunsten der deutschen Schnittblumenzüchter nur befürworten. Die Einfuhr, die fortan in Zunahme begriffen bleiben wird, solange man keinen Zoll darauf legt, erstreckt sich, wie die Diagramme zeigen, naturgemäß auf die kalte Jahreszeit. Im Winter bilden Blumen Luxusartikel, die durch einen Zoll nicht erheblich verteuert werden würden. Eine lebhafte heimische Produktion könnte sich bei einer angemessenen Höhe des Zolles entwickeln. Die dadurch entstandene Zunahme der inländischen Konkurrenz würde dann schon dafür Sorge tragen, daß die Preise nicht übermäßig steigen würden. Auch Verbesserungen der Produktionsmittel, die unter den gegenwärtigen Verhältnissen sich schwer durchführen lassen, könnten auf die Preise ihren günstigen Einfluß ausüben. Im Zusammenhange damit dürfte auch eine Hebung der sozialen Verhältnissse der Gehilfenschaft eintreten. Wir haben gesehen, wie viel noch in dieser Beziehung getan werden muß, aber ohne Entgegenkommen des Staates dürfte es noch sehr lange dauern, bis die Gärtner von selbst gesündere Verhältnisse herbeiführen können.

Ein weiterer wichtiger Grund, der für die Einführung eines Zolles spricht, liegt in den oft unter betrügerischen Manipulationen in Szene gesetzten Blumenauktionen, die namentlich in den großen Städten von Blumenhändlern betrieben werden. Unter fingierten Namen werden nämlich Blumen bestellt, und wenn diese dann auf den Bahnhöfen ankommen, finden sie keinen Abnehmer. Um sie nicht umkommen zu lassen, werden sie, da eine Rücksendung regelmäßig unmöglich ist, von der Eisenbahn- oder Postverwaltung an den Meistbietenden versteigert. Die Händler, die sie bestellt haben, erstehen sie dann gewöhnlich zu Spottpreisen, vermischen sie mit frischen Blumen und verkaufen sie in kleinen Mengen an Straßenhändler, die sie endgültig an den Mann bringen. Diese Blumenauktionen gereichen nicht nur den heimischen und fremden Gärtnern zum Schaden, sondern auch den Blumengeschäften. Ein Zoll würde sicherlich diesem Unwesen steuern. An einigen Orten, wie z. B. in Leipzig, hat man sie jüngst untersagt.

Die Forderung aber, den Straßenhandel mit Blumen verbieten zu wollen, wie dies z. B. in Köln von den dort ansässigen Gärtnern geschehen ist, geht entschieden zu weit. Ihre Beschwerde ist auch abgewiesen worden mit der berechtigten Begründung, daß „das Publikum in den weitaus meisten Fällen nur deshalb die vom Straßenhandel vertriebenen ausländischen Schnittblumen kauft, weil ihnen die Blumen gerade zufällig auf den Straßen oder in den Wirtshäusern angeboten werden. Eine Absicht, Blumen im Augenblick überhaupt zu erstehen, liegt bei diesen Zufallskäufen kaum vor; die Blumengeschäfte werden infolgedessen durch diese Käufer nicht benachteiligt. Diejenigen Fälle aber, in denen regelmäßige Verbraucher von Blumen ihren Bedarf beim Straßenhandel decken und die ansässigen Geschäfte umgehen, sind unseres Wissens verhältnismäßig so selten, daß daraus keine nennenswerte Beeinträchtigung der Blumengeschäfte hergeleitet werden kann, zudem dürfen sich diese letzteren Fälle im allgemeinen auf solche Käufer beschränken, die nur geringe Mengen kaufen und wenig Geld anlegen wollen." (Vgl. Der Handelsgärtner 1910, Seite 280.) Der Straßen- und Wirtshaushandel mit Blumen gehört heute gewissermaßen zum Großstadtleben und hat seine Existenzberechtigung wie jeder andere Handel dieser Art.

Wir haben oben bereits gesehen, wie sich die Großbetriebe die Errungenschaften der Technik, die ihren Betriebsformen schon äußerlich den großkapitalistischen Charakter verleihen, im Laufe der letzten Dezennien zunutze gemacht haben, aber auch die Fortschritte der Wissenschaft haben sich allmählich mehr und mehr Eingang zu verschaffen gewußt, wodurch es in vielen Fällen überhaupt erst möglich geworden ist, den Großbetrieb dauernd lebensfähig zu erhalten. So sind unter anderem in denjenigen Gegenden Deutschlands, wo sich der Gartenbau zu besonders hoher Blüte entfaltet hat, und wo sich namentlich die Großbetriebe konzentrieren, wie in Dresden, Berlin, aber auch in Geisenheim, pflanzenphysiologische Versuchsstationen errichtet worden, deren Aufgabe darin besteht, Mittel und Wege zur

Bekämpfung von Pflanzenschädlingen ausfindig zu machen. Durch die Einführung von Spezialkulturen, die der heimischen Gärtnerei so große Erfolge gebracht haben, ist leider auch für die Schädlinge aller Art die Möglichkeit der Verbreitung ungemein groß geworden. Die Einrichtung solcher Versuchsstationen wurde daher zu einem direkten Erfordernis. „Heute sind beinahe für alle Spezialkulturen ein Schädling oder auch eine Anzahl solcher Feinde entstanden, die durch ihr massenhaftes Auftreten eine sehr große Gefahr bilden und bei gewissen Pflanzenkulturen (Nelken) den Ruin des Betriebes zur Folge haben“[1], wenn nicht rechtzeitig für Abhilfe gesorgt wird.

In der Landwirtschaft haben solche Versuchsstationen schon längst ihre segensreiche Tätigkeit entfaltet. In allen deutschen Bundesstaaten, in fast jeder preußischen Provinz, finden wir solche Einrichtungen, obenanstehend die Kaiserliche Biologische Anstalt für Land- und Forstwirtschaft. Für den Gartenbau, wo doch zum mindesten ebenso hohe, wenn nicht höhere Werte interessiert sind, hat man erst in jüngster Zeit solche Einrichtungen geschaffen, wo Interessenten über Pflanzenkrankheiten und deren Bekämpfung Auskunft erhalten.

Im Königreich Sachsen wurde im Jahre 1905 am Königlichen Botanischen Garten zu Dresden eine pflanzenphysiologische Versuchsstation begründet, im Anschluß an das alte Institut in Tharandt bei Dresden. Diese segensreiche Einrichtung erfreut sich in Fachkreisen von Jahr zu Jahr eines größeren Zuspruches, sodaß sie im Jahre 1910 eine wesentliche Erweiterung erfahren hat. Der vom Redakteur B. Thalacker in der Fachzeitung „Der Handelsgärtner“ begründete Fragekasten hat viel zur Unterstützung dieser Bestrebungen beigetragen.

Den Großbetrieb zeichnet im allgemeinen vor dem Kleinbetrieb eine weit bessere Organisation und kaufmännische Leitung aus. Doch wird trotzdem bei ihm noch ziemlich häufig über das Fehlen einer solchen kaufmännischen Betriebsweise, namentlich über den Mangel an verfügbaren Kapitalien geklagt. Es ist eine mehrfach beobachtete Tatsache, daß Gärtner ihren Betrieb dadurch vergrößert und erweitert haben, daß sie in Spekulation ihr im Laufe der Jahre im Preise gestiegenes Grundstück mit Hypotheken belasteten und Neubauten und Erweiterungen vornahmen, obwohl dafür kein Bedürfnis vorlag. Oft rentiert sich dann der Betrieb weniger, als vorher und die Verzinsung des neu investierten Kapitals verschlingt den größten Teil der Einnahmen, sodaß sich der Betriebsinhaber mit einem geringeren Reineinkommen begnügen muß und nur auf den günstigen Verkauf seines Grundstücks rechnet. Mit Recht heißt es in einer kleinen Broschüre[2]: „Mehrfach ist es nicht der Waren erzeugende, geschäftstreibende Gärtner, der pekuniäre Erfolge erzielt, sondern der Bodenspekulant.“

[1] Denkschrift über den Ausbau der pflanzenphysiologischen Versuchsstation im Botanischen Garten zu Dresden, S. 3.

[2] O. Albrecht, Die soziale Frage im Gärtnerberuf, S. 8 und 9.

Ein schwerer Übelstand, der schon gestreift wurde, sind die langen Zahlungsfristen. Die Lieferanten müssen oft 6 Monate und länger warten, ehe sie ihr Geld bekommen und haben nicht nur ein hohes Risiko, sondern auch den Zinsverlust zu tragen. Es wäre gut, wenn man allgemein nur kürzere, höchstens dreimonatliche Fristen vereinbaren würde. Anderseits beruht die Zahlungssäumigkeit meist nicht auf dem bösen Willen der Abnehmer, denn diese leiden unter demselben Übel.

Die Frage endlich, ob das Aufkommen der künstlichen Blumenfabrikation und die Präparation natürlicher Pflanzen schädlich auf die Blumengärtnerei eingewirkt habe, ist schwer zu beantworten. Die Zahl der Blumenfabriken hat zwar außerordentlich zugenommen, der Blumenbedarf ist aber auch gewaltig gewachsen. Welche Menge von künstlichen Blumen verbrauchen nicht allein die Damenhüte! Soviel allerdings steht fest, die Treibkultur von Cycas- und Palmenwedeln ist nicht mehr lohnend, erstens wegen der bedeutenden Einfuhr (siehe Tafel 29) und zweitens wegen der Billigkeit der getrockneten und präparierten Wedel, die wenigstens für die wohlfeilere und geringere Binderei nahezu ausschließlich verwendet werden. Auch sonst sind künstliche Blumen immer mehr in Aufnahme begriffen; daß sie aber die natürlichen jemals in den Hintergrund drängen werden, ist nicht anzunehmen.

Wirtschaftliche Depressionen und Krisen äußern einen weitgehenden Einfluß gerade in der Blumengärtnerei, weil sie für Luxus- und Kulturbedürfnisse produziert. Ausgaben dieser Art erleiden eher eine Beschränkung zugunsten der notwendigen Bedürfnisse. Am empfindlichsten wirkt jedoch die Konkurrenz der südlichen Staaten. Die Bekämpfung dieses unliebsamen Wettbewerbs, durch einen angemessenen Schutzzoll begünstigt, wird unseres Erachtens nur mit Hilfe und noch größerer Nutzbarmachung der technischen Fortschritte, also Verbesserung der Betriebsmittel, erfolgreich möglich sein. Aus diesem Grunde dürften sich in der Blumengärtnerei die Großbetriebe weiter ausdehnen und die Kleinbetriebe in noch engere Grenzen verwiesen werden.

Anhang: Die sogenannten Blumenpensionate. Sie stellen eine ganz neue, früher nicht gekannte Betriebsweise der Gärtnerei dar. Sie spielen in der Gärtnerei diejenige Rolle, die im allgemeinen die Reparaturbetriebe in der Industrie einnehmen, und ähneln stark dem alten Heimwerke.

Auf einer kleinen Fläche, oft kaum 3—4 ar eigenen oder gepachteten Landes, haben sich Gärtner mit geringen Betriebsmitteln eine Existenz geschaffen. In einem einfachen Gewächshause und einigen Beeten hat der Inhaber Blumenstöcke und Zierpflanzen stehen, die gewöhnlich nicht ihm gehören, sondern ihm nur zur Pflege und Behandlung übergeben sind. Seine Haupttätigkeit fällt in den Hochsommer und in den Winter. Wenn nämlich die Großstädter in die Sommerfrische und in die Bäder wandern, bringen sie ihm ihre Pflanzen, besonders die seltenen und ausländischen, die fachmännische

Wartung erheischen und die man nicht unter ungeschickter Behandlung hinsiechen und eingehen lassen will. Dasselbe geschieht im Winter, namentlich bei solchen Pflanzen, die besondere Anforderungen an die Temperatur stellen. Der Gärtner bringt sie in seinem Betriebe unter und pflegt sie gegen angemessene Entschädigung.

Diese Art der Gärtnerei, verbunden mit etwas Landschaftsgärtnerei im Frühjahr und im Herbst, gewährt einem Manne ein ganz gutes, wenn auch bescheidenes Auskommen, was man aus der in letzter Zeit erfolgten Zunahme dieser Betriebe — in der Regel sind es Alleinbetriebe — ersehen kann.

Wir schließen hiermit unsere Betrachtungen über die Betriebsformen. Die eigentlich noch zu behandelnden Betriebsformen: die Baumschulen-, Samen- und Landschafts-Gärtnerei, weichen in vielen Beziehungen von den bisher behandelten wesentlich ab. Sie bieten außerdem für eine separate Abhandlung so reichliches Material, daß wir, um nicht oberflächlich zu werden, hier ganz davon abgesehen haben, sie in unsere Betrachtungen mit einzubeziehen.

In dem folgenden Schlußkapitel wenden wir uns noch der gärtnerischen Interessenvertretung zu.

Vierter Teil.

Die gärtnerische Interessenvertretung.

Infolge des gewaltigen Aufschwunges, den unser gesamtes Wirtschaftsleben in den letzten Jahrzehnten genommen hat, ist es für den Staat unmöglich geworden, den einzelnen Zweigen desselben diejenige Aufmerksamkeit und Unterstützung zuteil werden zu lassen, die zu ihrer gedeihlichen Entwickelung und Förderung notwendig ist. So sind die einzelnen Zweige Industrie, Handel und Verkehr, Landwirtschaft u. a. gezwungen worden, sich selbst zu helfen. Sie haben es getan, indem sie sich zusammenschlossen und Organisationen gründeten, in denen sie einerseits dem Staate einen Teil seiner Funktionen abnahmen und ihn in der Erfüllung seiner Aufgaben unterstützten, anderseits aber die Förderung der Interessen ihrer Mitglieder sich angelegen sein ließen. Solche Vereinigungen korporativer Selbsthilfe sind die Handelskammern, die Gewerbe- und Handwerkerkammern, die Landwirtschaftskammern u. a.

Wir haben gesehen, daß auch die Gärtnerei in der letzten Zeit zu einem bedeutenden Faktor unseres Wirtschaftslebens geworden ist. Um so mehr muß es uns wundernehmen, daß die Interessenvertretung der selbständigen Gärtner noch verhältnismäßig zurückgeblieben ist. Mit Ausnahme vom Königreiche Sachsen besitzt die deutsche Gärtnerei gegenwärtig überhaupt noch keine gesetzliche Vertretung. Woran liegt das? müssen wir uns unwillkürlich fragen. Die Hauptschuld an dem Nichtzustandekommen einer einheitlichen gesetzlichen Vertretung trägt die bis heute noch nicht geregelte, geradezu verworrene Rechtszugehörigkeit der Gärtnerei. Es handelt sich bei diesem Streit um die Kardinalfrage, ob die Gärtnerei zur Landwirtschaft oder zum Gewerbe zu rechnen ist. In jenem Falle würden nämlich in der Hauptsache die Bestimmungen des bürgerlichen Gesetzbuches, in diesem Falle diejenigen der Gewerbeordnung in Anwendung kommen, namentlich die Bestimmungen über den Arbeiterschutz und Arbeitsvertrag. Sowohl auf seiten der Arbeitgeber wie Arbeitnehmer hat man sich bis jetzt die redlichste Mühe gegeben, eine Lösung dieser wichtigen Frage auf gesetzlichem Wege herbeizuführen, ohne Erfolg erzielt zu haben. Die widersprechendsten Urteile sind in gärtnerischen Streitigkeiten gefällt worden[1]; die Gärtner wurden dabei bald zur Landwirtschaft, bald zum Handel, ja sogar zum Handwerk gerechnet. Soviel steht aber fest, die Arbeitgeber neigen zur Anwendung des bürgerlichen Rechts, die Gehilfen dagegen wünschen die Unterstellung unter die Gewerbeordnung[2].

Die landwirtschaftlichen Beziehungen der Gärtnerei als solcher, des eigentlich gärtnerischen Betriebes, dessen Zweck darin besteht, Pflanzen jeglicher Art zum Zwecke des Erwerbs zu kultivieren, sind historisch begründet und haben mit Gewerbe absolut nichts zu tun. Nur die eigenartige Zusammensetzung mancher Betriebe bedingt, daß sie entweder ganz oder teilweise unter die Gewerbeordnung fallen. Diese beiden Gesichtspunkte muß man scharf auseinander halten, um volle Klarheit über die rechtliche Stellung zu erhalten.

Die Gärtnerei als solche hat es mit der Behandlung lebender Wesen, der Pflanzen, zu tun. Das ist ein grundlegender Unterschied von dem, was man gemeinhin unter Gewerbe versteht. Wie die Landwirtschaft, so ist die Gärtnerei ebenfalls, wenn auch in begrenzterem Maße, den Einflüssen der Witterung ausgesetzt. Frost, Hitze und lang andauernde Trockenheit haben schon oft großen Schaden angerichtet, ja sogar ganze Existenzen ruiniert. Ein weiterer Gesichtspunkt, der dem Gewerbe fremd ist, liegt in der dauernden Gefahr, der die Pflanzen durch Krankheiten (Schmarotzer) aller Art ausgesetzt sind. Die gleichen Merkmale, die die Gärtnerei mit dem Gewerbe aufweist, sind durch die Intensität des Betriebes bedingt. Gehört schon bei einem intensiven landwirtschaftlichen Betrieb eine mehrjährige Praxis und Sachkenntnis zur Ausübung des Berufes, so ist bei der Gärtnerei, der intensivsten Betriebsform, eine Lehrzeit ein direktes Erfordernis. Es gibt indes auch eine ganze Anzahl von

[1] Vgl. O. Albrecht, „Die sozialen Rechtsverhältnisse der gewerblichen Gärtner in Deutschland", Denkschrift an den Reichstag vom Hauptvorstand des Allgem. Deutschen Gärtnervereins. 1901.

[2] Eine Regelung der gärtnerischen Rechtsfrage im Sinne einer Unterstellung unter die Gewerbeordnung erstrebten neuerdings eine Anzahl bedeutender Gärtnerverbände Deutschlands in einer Eingabe an den Deutschen Reichstag vom 17. Okt. 1911. Es handelt sich hierbei um Abänderungen bzw. Zusätze zu den bisher geltenden Paragraphen der Gewerbeordnung, §§ 6, 105c, 154 und 154b. Abgedruckt findet man die Eingabe im „Der Handelsgärtner" Nr. 44, S. 522, XIII. Jahrgang 1911.

Tätigkeiten, die von ungelernten Arbeitern ausgeführt werden. Die Zahl der gelernten Arbeiter steht nach der Statistik weit hinter der Zahl der ungelernten zurück. Nach der Statistik in Sachsen vom 23. Mai 1911 ist das Verhältnis so, daß durchschnittlich auf drei Arbeiter zwei ungelernte kommen (es gab insgesamt 12415 männliche Personen, von denen 4394 gelernte Gärtnergehilfen, einschließlich der Lehrlinge waren). Was den Vertrieb der gärtnerischen Erzeugnisse anlangt, so ist dieser zwar mit größeren Schwierigkeiten verknüpft als der Absatz landwirtschaftlicher Bodenfrüchte, aber der Leiter eines intensiven landwirtschaftlichen Betriebes wird ebensowenig vorwärts kommen wie ein Gärtner, wenn er ohne kaufmännisches Verständnis wirtschaftet. Vielfach ist das Vorhandensein von Gewächshäusern als Merkmal eines Gewerbebetriebes angesehen worden. Diese technischen Einrichtungen sind jedoch nur Mittel zum Zweck, die durch das rauhere Klima unserer Breitenlage bedingt sind. Es werden in den Gewächshäusern wie auf dem freien Lande dem Erdboden alljährlich seine Ernten abgerungen. Wollte man den Getreidebau in die nördlichen Regionen verlegen, so hätte man ebenfalls solche Einrichtungen nötig, ohne dabei aufzuhören, Landwirtschaft zu treiben.

Die Gründe, weshalb es so schwer ist, von Rechtswegen eine Entscheidung darüber zu treffen, in welche der vorhandenen Erwerbsgruppen, Landwirtschaft oder Gewerbe, die Gärtnerei einzureihen ist, liegen in der eigenartigen Zusammensetzung mancher Betriebe. Wir haben in unserer obigen entwickelungsgeschichtlichen Darstellung gesehen, wie verschiedenartig die Gärtnerei heute zusammengesetzt ist, wie viele Mischbetriebe bestehen. Es gibt:

1. Betriebe, die reine Urproduktion treiben.

2. Betriebe, die neben Urproduktion auch Handel treiben, also solche, die außer den selbstgezogenen Blumen und Pflanzen aus fremden Betrieben stammende Erzeugnisse auf den Markt bringen. Diese fremden Produkte werden vielfach, wie wir gesehen haben, in halbfertigem Zustand übernommen und bis zum Absatz weiter kultiviert. Sehr häufig steht auch ein Ladengeschäft zum Verkauf der eigenen und fremden Erzeugnisse mit dem Betriebe in Verbindung. Endlich

3. Betriebe, die ausschließlich Handel treiben im Sinne der unter 2. gekennzeichneten Betriebe, nur mit dem Unterschiede, daß alle ihre Produkte aus fremden Betrieben stammen, also keine Urproduktion vorliegt. Hierher gehören namentlich die selbständigen Blumen- und Samenhandlungen.

Die Größe des Betriebes spielt dabei gar keine Rolle; denn wir haben alle drei Gruppen bei jeder Betriebsgröße angetroffen.

Betriebe, die der ersten Gruppe angehören, wird man zur Landwirtschaft, diejenigen der letzteren zum Gewerbe zu rechnen haben. Darüber kann gar kein Zweifel bestehen. Schwierig ist es nur, eine Entscheidung bei denjenigen Betrieben zu treffen, die zu Gruppe 2 gehören, die also gleichzeitig Urproduktion und Handelsgewerbe betreiben. Da diese Betriebe sehr zahlreich sind, so ist es nicht zu verwundern, daß gerade deren Inhaber, die am meisten unter der rechtlichen Heimatlosigkeit der Gärtnerei zu leiden haben, eine möglichst baldige Entscheidung herbeiwünschen. Die Schwierigkeit liegt bei diesen Betrieben in der Feststellung der Grenze, wo die Urproduktion aufhört und das Handelsgewerbe beginnt.

Eine gesetzliche Regelung hat bis jetzt noch nicht stattgefunden. Wohl aber hat der „Ausschuß für Gartenbau beim Landeskulturrate für das Königreich Sachsen“ in seinen Mitteilungen vom Dezember 1909 eine Einteilung der Gärtnerei in vier große Gruppen vorgenommen, die wir im Wortlaut hier folgen lassen. Der Ausschuß unterscheidet:

Landwirtschaft	A.	„Gartenbau“, d. i. jederlei ganz oder teilweise zum Zweck des Erwerbs erfolgende Aussaat, Pflanzung, Veredelung, Pflege und Ernte von Samen, Pflanzen und Gewächsen aller Art, von Gemüsen, Bäumen, Sträuchern, Blütenpflanzen, Blattpflanzen, Zwiebelgewächsen, Stauden, Knollen usw. in Töpfen oder ohne Töpfe, in eingefriedigten Grundstücken oder auf freiem Feld, unter Glas gehalten oder im Freien ausgepflanzt (mit Ausnahme der rein landwirtschaftlichen Produkte: Getreide, Futterpflanzen, Hackfrüchte.
	B.	„Landschaftsgärtnerei“ (angewandte Gartenkunst), d. i. die von bestimmten Unternehmern auf Planung, Vermessung und Einrichtung von Parks, Anlagen von Hausgärten und Unterhaltung dieser Ausführungen gerichtete Kunst- bzw. Arbeitsleistung. Hierzu gehören alle diejenigen Arbeiten, die bei Einrichtung und Instandhaltung öffentlicher Park- und Gartenanlagen, in botanischen Gärten, Versuchsstationen u. dgl. sowie in fürstlichen und Privatgärtnereien durch die betreffende Verwaltung angeordnet und durch deren Personal ausgeführt werden.
Gewerbe	C.	„Bindereigeschäfte, Blumen-, Samen- und Pflanzenhandlungen“ (sogenannte Kunst- und Handelsgärtnerei), das sind Betriebe, die gewerbsmäßig, ohne selbst zu produzieren, Gartenbauprodukte anschaffen und weiter veräußern, ohne Unterschied, ob die Waren unverändert oder nach einer Bearbeitung oder Umarbeitung weiter veräußert werden (reine Handelsgeschäfte).
Teils Landwirtschaft, teils Gewerbe	D.	„Gartenbaubetriebe der unter A bezeichneten Art,“ die gleichzeitig ihre Produkte unter Zuhilfenahme eines offenen Ladengeschäftes und mit Hinzukauf fremder Produkte selbst und direkt an das Publikum (oder die Konsumenten) vertreiben (Mischbetriebe).

Von diesen vier Gruppen ist nur die dritte ohne Einschränkung als ein Gewerbebetrieb im Sinne der Gewerbeordnung zu bezeichnen und nur auf sie findet diese deshalb ohne weiteres Anwendung.

Betriebe der Gruppe D fallen dagegen nur insoweit unter die Gewerbeordnung, als der Zukauf fremder Erzeugnisse eine gewisse Höhe übersteigt. Bei ihnen macht sich eine Deklaration durch den Betriebsunternehmer nötig. Sie muß enthalten die Angabe des Betriebsunternehmers, ob er neben Gartenbau und Landschaftsgärtnerei (siehe unter A und B) auch Blumenbinderei und Blumen-, Samen- und Pflanzenhandel betreibt, und in welchem Umfange dies geschieht.

Wir schließen uns dieser Einteilung im großen und ganzen an. Im Interesse einer einheitlichen Vertretung, wie wir später sehen werden, wünschen wir aber eine Zuteilung der Gruppe D entweder zur Landwirtschaft oder zum Gewerbe. Wir können uns nicht denken, wie die Interessen eines Berufes von zwei so verschieden gearteten Erwerbsgruppen zu gleicher Zeit erfolgreich vertreten werden können. Da die Beziehungen zur Landwirtschaft, wie wir gezeigt haben, viel enger sind als zum Gewerbe, so ist eine Unterstellung dieser Mischbetriebe unter die Landwirtschaft zu befürworten. Um aber vom Gesetz aus keine Härte auszuüben, könnte ja den Inhabern der Mischbetriebe die Entscheidung selbst überlassen werden, welcher Erwerbsgruppe sie künftig angehören wollen. Es ist dies im Gesetz ausdrücklich hervorzuheben. Nur so können unserer Meinung nach geordnete Rechtsverhältnisse in der Gärtnerei geschaffen werden.

Ist die rechtliche Stellung in diesem Sinne geregelt, so ist die Vertretung der Gärtnerei ohne weiteres gegeben. Die Gruppen A, B und D werden ihre Vertretung bei der Landwirtschaft, die Gruppe C bei den Handels- und Gewerbekammern finden; die idealste Vertretung wäre allerdings eine selbständige, in Form der von manchen Seiten jetzt noch angestrebten Gartenbaukammern. So sehr diese Bestrebungen gutzuheißen sind, vor allem insofern, als dadurch eine einheitliche gesetzliche Vertretung für alle Gärtnereibetriebe, so verschiedenartig sie auch zusammengesetzt wären, geschaffen würde, werden sie sich doch, vorläufig wenigstens, nicht verwirklichen lassen, weil die Kosten für den Aufwand dieser Verwaltungskörper zu groß sind, als daß sie von der im Vergleich zu anderen Berufsgruppen verhältnismäßig geringen Zahl der Gärtner getragen werden könnten. So bleibt also nur ein Anschluß an die schon vorhandenen Körperschaften übrig, und zwar für die Gruppen A, B und D etwa in der Weise, wie es im Königreich Sachsen durchgeführt worden ist. Hier besteht seit dem 1. Jan. 1907 eine Vertretung der Inhaber gärtnerischer Betriebe in Form des ‚Ausschusses für Gartenbau bei dem Landes-Kulturrate“. Dieser Ausschuß, der aus dem bis dahin bestehenden, 1886 gegründeten „Gartenbauverband für das Königreich Sachsen“[1]

---

[1] Vgl. T. J. Seidel, Der Gartenbauverband für das Königreich Sachsen in vergangenen und künftigen Tagen. Sonderabdruck aus dem Jahresbericht der „Flora“, Dresden IX. 1904/05.

hervorgegangen ist, wurde durch Gesetz vom 30. April 1906, „die Umgestaltung des Landeskulturrates betreffend“, geschaffen und hat eine andere Bedeutung als die gleichnamigen Ausschüsse bei den preußischen Landwirtschaftskammern. Er besteht aus 7 Mitgliedern, nämlich aus:

1. sechs Mitgliedern, deren Wahl auf sechs Jahre, in sechs vom Ministerium des Innern gebildeten Wahlbezirken zugleich mit den Wahlen zum Landes-Kulturrate erfolgt, und
2. einem von den unter 1 genannten Mitgliedern auf die Dauer der Wahlperiode aus der Zahl der bei den Königlichen oder staatlichen Gartenverwaltungen angestellten gärtnerischen Beamten gewählten Mitgliede.

Stimmberechtigt sind alle männlichen, volljährigen, im Besitze der bürgerlichen Ehrenrechte befindlichen Unternehmer der gärtnerischen Betriebe, die zur Deckung des aus der Vertretung des Gartenbaues beim Landeskulturrate erwachsenden Aufwandes Beiträge zu leisten verpflichtet sind (§ 17).

Jeder Unternehmer eines gärtnerischen Betriebes kann sein Stimmrecht auf einen männlichen, volljährigen und im Besitze der bürgerlichen Ehrenrechte befindlichen Leiter seines Betriebes übertragen.

Wählbar sind alle Unternehmer oder zur Ausübung des Stimmrechts Bevollmächtigte gärtnerischer Betriebe, sofern sie das 30. Lebensjahr zurückgelegt haben, die sächsische Staatsangehörigkeit und die bürgerlichen Ehrenrechte besitzen.

Der Begutachtung des Ausschusses für Gartenbau unterliegen die Angelegenheiten, die ihm vom Landeskulturrate oder dem Ministerium des Innern zugeteilt werden. Der Ausschuß ist jedoch auch berechtigt, zu einzelnen Fragen des Gartenbaues selbständig Stellung zu nehmen und Anträge an den Landeskulturrat zu richten.

Der Vorsitzende des Ausschusses ist ordentliches Mitglied des Landes-Kulturrates.

Die Kosten für die Vertretung werden nach den Beitragseinheiten aufgebracht, mit denen die Betriebsinhaber in den Katastern der land- und forstwirtschaftlichen Berufsgenossenschaft veranlagt sind.

Die Vertretung erfolgt in der Weise, daß die reinen Betriebe A und B in vollem Umfange ihres Betriebes durch den Ausschuß für Gartenbau und die Betriebe unter C durch die Handels- und Gewerbekammern vertreten werden. Für jene beiden sind daher nur die ordentlichen Gerichte, für diese die Gewerbegerichte zuständig. In den Mischbetrieben (Gruppe D) erfolgt neben der Veranlagung zum Ausschuß für Gartenbau eine Beitragsleistung zur Handels- und Gewerbekammer und zwar für den Ausschuß insoweit, als es sich um die Erzeugung der Produkte, für die Handels- und Gewerbekammer, soweit es sich um deren Ankauf, Bearbeitung und Vertrieb handelt. Um eine doppelte Beitragsleistung zu verhindern, war erst noch eine Auseinandersetzung mit der Handels- und Gewerbekammer notwendig.

Dabei haben die Handelskammern auf die Beitragsleistung von denjenigen Gärtnern verzichtet, die beim Landes-Kulturrate veranlagt sind; hingegen die Gewerbekammern halten nach wie vor an den Merkmalen der Beitragspflicht der Gärtner fest.

Wir haben schon früher darauf hingewiesen, daß die rechtliche Stellung und damit die Vertretung der Mischbetriebe, in dieser Weise durchgeführt, keine zweckmäßige sein kann. Die leidigen Streitigkeiten zwischen den Behörden und den Betriebsinhabern werden weiterbestehen. Es bedarf also dringend einer gesetzlichen Regelung.

Die Tätigkeit des Ausschusses für den Gartenbau ist zu kurz, um ein abschließendes Urteil darüber abzugeben. Sein Arbeitsprogramm und Betätigungsgebiet ist aber sehr reichhaltig; es erstreckt sich in der Hauptsache auf drei wichtige Punkte[1]:

1. Die Förderung der Bodenkultur und Vertretung der Erzeugnisse auf allen Gebieten des Gartenbaues;
2. die Hebung bzw. Erzielung einer theoretischen und praktischen Durchbildung der jungen Gärtnerschaft, wie sie durch die heutigen Verhältnisse in dringender Weise erfordert wird;
3. die Förderung des Gemeinwohles und geregelter Verhältnisse zwischen Arbeitgebern und Arbeitnehmern.

Werden alle diese Punkte genau durchgeführt, so ist den Wünschen der Gärtner und ihrer Gehilfen in jeder Weise Rechnung getragen, und man kann die Bildung solcher Ausschüsse den übrigen Bundesstaaten Deutschlands nur empfehlen. Werden sich auch im Laufe der Zeit noch Verbesserungen notwendig machen, so ist doch mit einer leistungsfähigen Interessenvertretung der selbständigen Gärtner jetzt begonnen worden. Sachsen, das eine führende Stellung im deutschen Gartenbau einnimmt, gebührt der Ruhm, dank der Rührigkeit seiner Gärtner, zuerst dafür Sorge getragen zu haben. Mögen die anderen recht bald seinem Beispiel folgen!

Besonders bemerkenswert ist, daß der Ausschuß eine einheitliche Bezeichnung der Gärtnereibetriebe anstrebt. Wir haben schon früher darauf hingewiesen, daß in dieser Beziehung noch die größte Inkonsequenz seitens der Betriebsinhaber besteht; namentlich ist die Bezeichnung „Kunst- und Handelsgärtner“ irreleitend. Die Handels- und Gewerbekammern, sowie die Gewerbegerichte haben diese Bezeichnung oft zum Anlaß genommen, um solche Betriebe als ihnen zugehörig und beitragspflichtig zu betrachten. Der Ausschuß empfiehlt daher, von dieser veralteten Bezeichnung gänzlich abzusehen und dafür den Betrieb, wie dies von einigen Unternehmern heute schon geschieht, Gartenbau-, Gemüsebau-, Baumschulen- oder Landschaftgärtnerei-Betrieb zu nennen. Diese den Charakter der einzelnen Betriebe viel entsprechenderen Bezeichnungen bezeugen schon nach außen hin, welcher Erwerbsgruppe man angehört. Es ist nicht zu viel gesagt, wenn man behauptet, daß die Inkonsequenz in der

[1] Siehe Denkschr. zur Reorganisation des Gartenbauverbandes, S. 18.

Bezeichnung der Betriebe einen nicht geringen Teil der Schuld daran trägt, daß die rechtliche Lage der Gärtnerei solange verworren bleiben konnte.

Neben der einzigen gesetzlichen Vertretung des Gartenbaues in Sachsen bestehen in Deutschland eine große Anzahl von Gartenbauvereinen[1] und Gartenbauverbänden[1]. Jene sind älteren Datums. Als die ältesten Vereine kann man wohl ansehen den „Verein zur Förderung des Gartenbaues in den Königlich Preußischen Staaten", gegründet 1822, und die „Gartenbaugesellschaft Flora" in Dresden, gegründet 1826. Während diese Vereine sich die Förderung der Technik des Gartenbaues angelegen sein lassen, verfolgen die Gartenbauverbände mehr die wirtschaftlichen Interessen. Der bedeutendste Gartenbauverband ist der „Verband der Handelsgärtner Deutschlands", der 1883 in Dresden gegründet wurde und seit 1892 seinen Sitz in Berlin hat. Er besitzt eine Anzahl Landes- und Provinzialverbände, die ihrerseits wieder in Gruppen gegliedert sind, von denen gegenwärtig über 80 bestehen. Die Mitgliederzahl beträgt jetzt über 6000. Dieser Verband, der auch ein wöchentlich erscheinendes Organ, das „Handelsblatt für den deutschen Gartenbau" herausgibt, erstrebt die Hebung des Gärtnerstandes nach jeder Richtung, richtet Gutachten und Anträge an die Behörden, fördert nach Möglichkeit auch die berufliche Ausbildung des gärtnerischen Nachwuchses. Für seine Mitglieder bestehen außerdem eine Anzahl nützlicher und wohltätiger Einrichtungen, wie Führung einer Liste schlechter Zahler, Vermittelung von geschäftlichen und Rechtsauskünften, Sterbekassen, Vergünstigungsvertrag mit einer Versicherungsgesellschaft u. a. In jüngster Zeit haben sich die Baumschulenbesitzer eine eigene Organisation, den „Bund deutscher Baumschulenbesitzer" geschaffen, die Geschäftsstelle befindet sich in Celle. Andere nennenswerte Verbände sind noch folgende: „Verband Bayerischer Handelsgärtner", „Verein selbständiger Gärtner Württembergs E. V.", „Verein selbständiger Gärtner Badens", „Hessische Handelsgärtnerei-Verbindung", „Verein selbständiger Gärtner von Elsaß-Lothringen", „Verein pfälzischer Gärtnereibesitzer".

Alle diese Verbände, so nützlich sie auch wirken, bleiben doch immer nur eine unvollkommene Vertretung der Interessen ihrer Mitglieder, ihnen fehlt die gesetzliche Handhabe ihrer Beschlüsse. Möge aus ihnen wie aus dem Gartenbauverband des Königreichs Sachsens recht bald eine leistungsfähige Interessenvertretung für die selbständigen Gärtner hervorgehen, zum Segen der deutschen Gärtnerei.

[1] Siehe Thalackers Kalender 1912, S. 58.

Tafel 1.

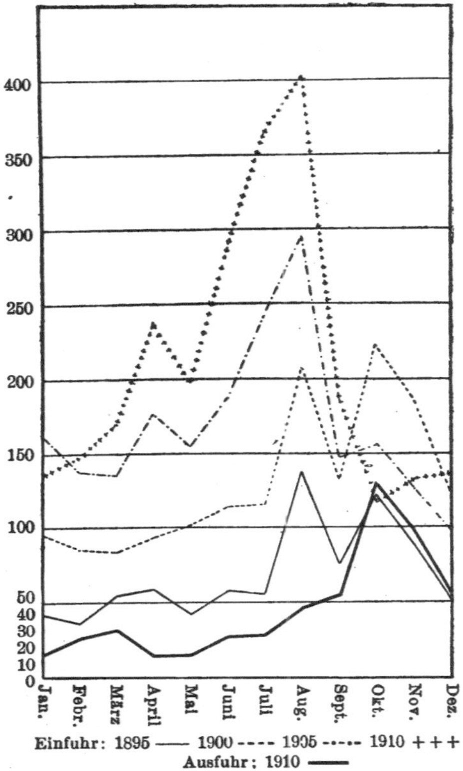

Die deutsche **Einfuhr** von Küchengewächsen
(Gemüsen und eßbaren Kräutern, Pilzen, Wurzeln u. dergl.)
graphisch dargestellt während der einzelnen Monate in den
Jahren 1895, 1900, 1905 und 1910.
Daneben die deutsche **Ausfuhr** in diesen Artikeln im Jahre 1910.

	1895	1900	1905	1910
1. Jan.	41 965 dz	95 677 dz	160 848 dz	136 925 dz
2. Febr.	36 566 „	85 110 „	137 935 „	148 063 „
3. März	54 107 „	82 186 „	135 801 „	170 191 „
4. April	59 908 „	92 637 „	176 375 „	237 003 „
5. Mai	41 160 „	100 573 „	154 041 „	198 858 „
6. Juni	59 043 „	114 879 „	187 710 „	289 401 „
7. Juli	55 571 „	115 623 „	241 319 „	364 604 „
8. Aug.	139 035 „	209 256 „	295 917 „	403 626 „
9. Sept.	75 744 „	142 168 „	148 415 „	187 764 „
10. Okt.	122 043 „	222 979 „	156 384 „	118 791 „
11. Nov.	89 164 „	189 218 „	127 881 „	131 464 „
12. Dez.	50 831 „	124 484 „	99 354 „	136 750 „
insges.	825 137 dz	1 574 790 dz	2 021 980 dz	2 522 900 dz

Ausfuhr:	1910
1. Jan.	16 998 dz
2. Febr.	26 163 „
3. März	31 889 „
4. April	14 313 „
5. Mai	14 555 „
6. Juni	26 926 „
7. Juli	27 894 „
8. Aug.	45 786 „
9. Sept.	54 383 „
10. Okt.	130 229 „
11. Nov.	99 815 „
12. Dez.	57 759 „
insges.	546 755 dz

Tafel 2.

Die deutsche **Einfuhr** von Küchengewächsen
(Gemüsen und eßbaren Kräutern, Pilzen, Wurzeln u. dergl.)
in den Jahren 1895, 1900, 1905 und 1910,
graphisch dargestellt nach der Einfuhrmenge,
wie sie sich auf die einzelnen nach Deutschland
importierenden Staaten verteilt.

Daneben
die deutsche **Ausfuhr**
in diesen Artikeln im
Jahre 1910.

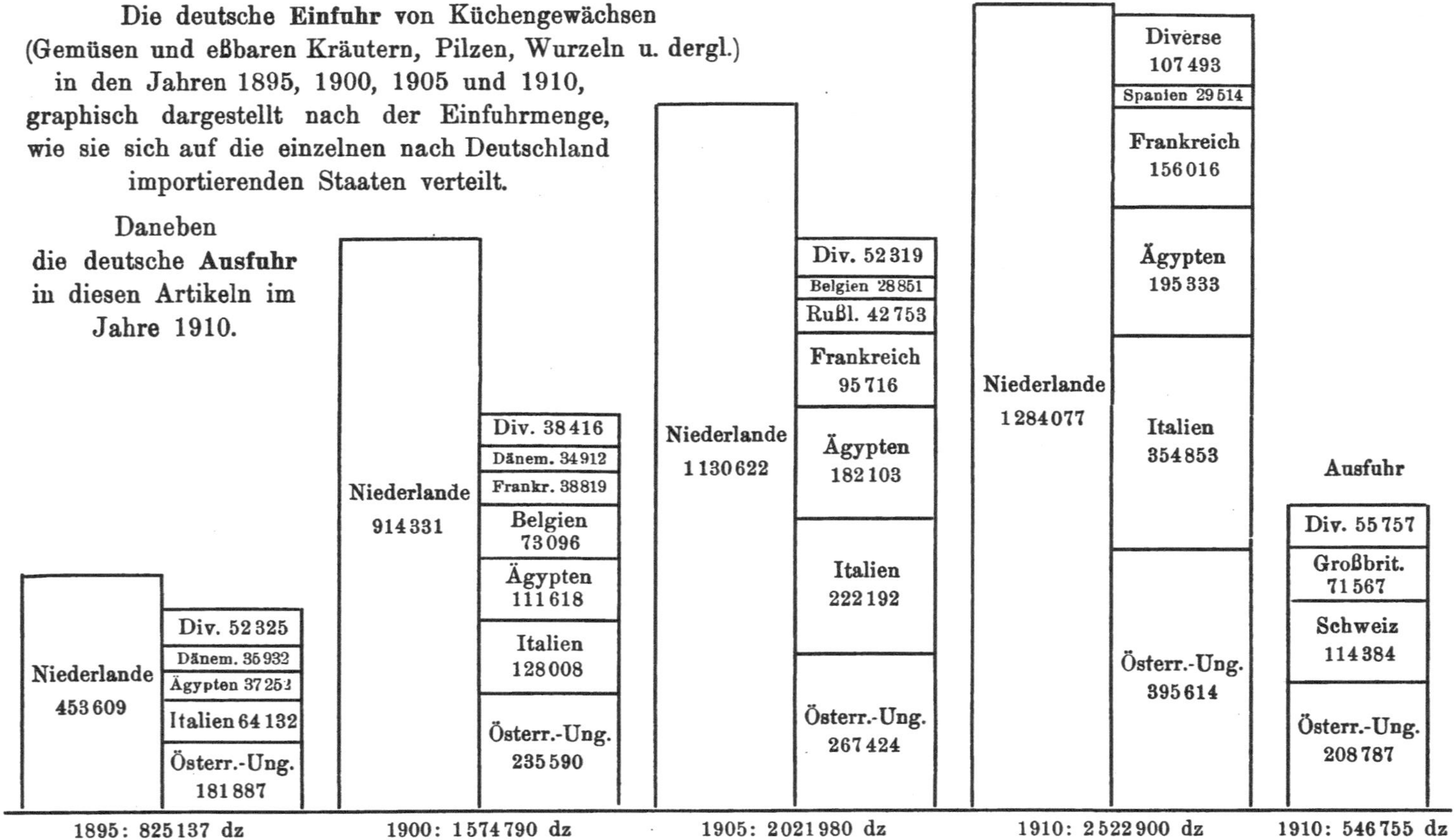

Einfuhr und Ausfuhr von Rotkohl und Weißkohl im Jahre 1910.

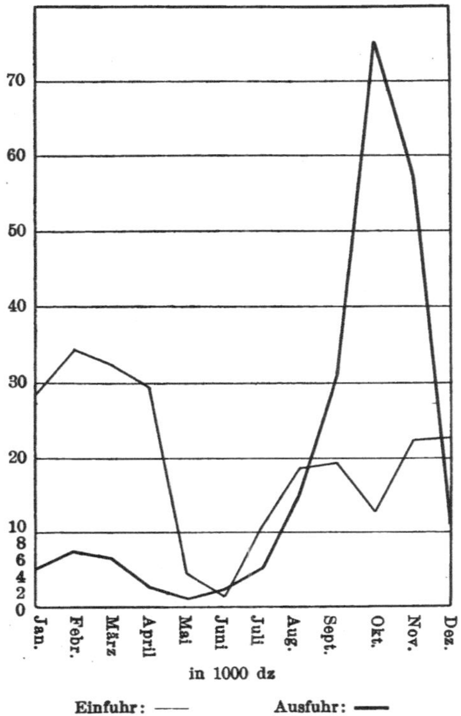

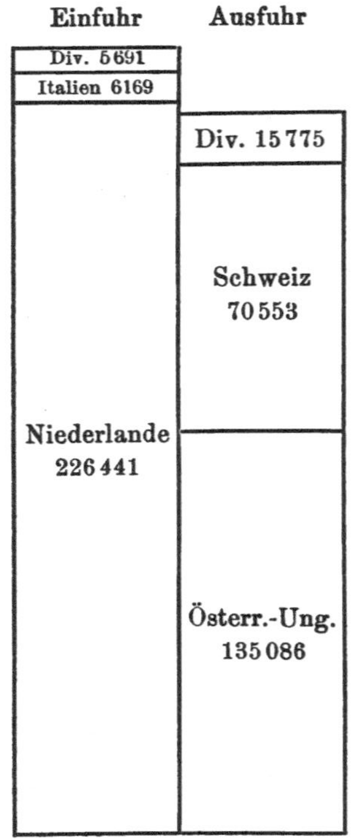

		Einfuhr: dz	Ausfuhr: dz
1.	Jan.	28307	5317
2.	Febr.	34466	7406
3.	März	32674	6694
4.	April	29674	2434
5.	Mai	4706	1051
6.	Juni	1372	2216
7.	Juli	10905	5339
8.	Aug.	18698	15313
9.	Sept.	19399	31156
10.	Okt.	12755	75650
11.	Nov.	22216	57588
12.	Dez.	23129	11250
	insges.	238301 dz	221414 dz
		+ 16887 dz	

Tafel 4.

Einfuhr und Ausfuhr
von Wirsing-, Rosen-, Grün- und Braunkohl
im Jahre 1910.

		Einfuhr: dz	Ausfuhr: dz
1.	Jan.	9 755	505
2.	Febr.	12 646	512
3.	März	14 863	468
4.	April	8 081	99
5.	Mai	1 086	301
6.	Juni	1 029	334
7.	Juli	547	818
8.	Aug.	1 443	1354
9.	Sept.	1 657	810
10.	Okt.	2 836	1045
11.	Nov.	4 812	1230
12.	Dez.	5 903	718
	insges.	64 658 dz	8 194 dz

+ 56 464 dz

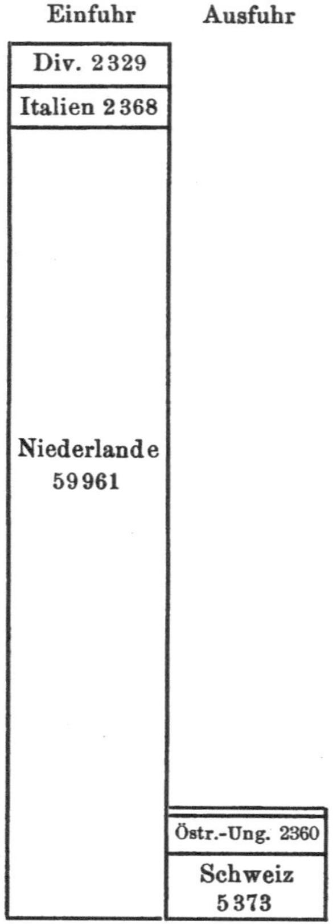

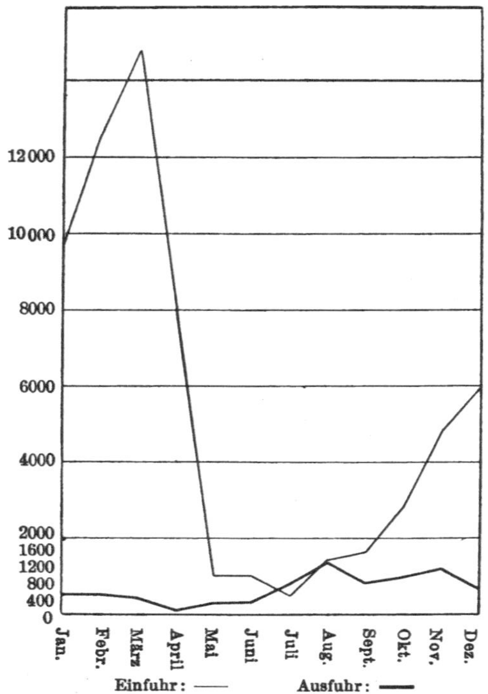

Einfuhr und Ausfuhr
von Artischocken, Melonen, Pilzen, Spargel, Tomaten
im Jahre 1910.

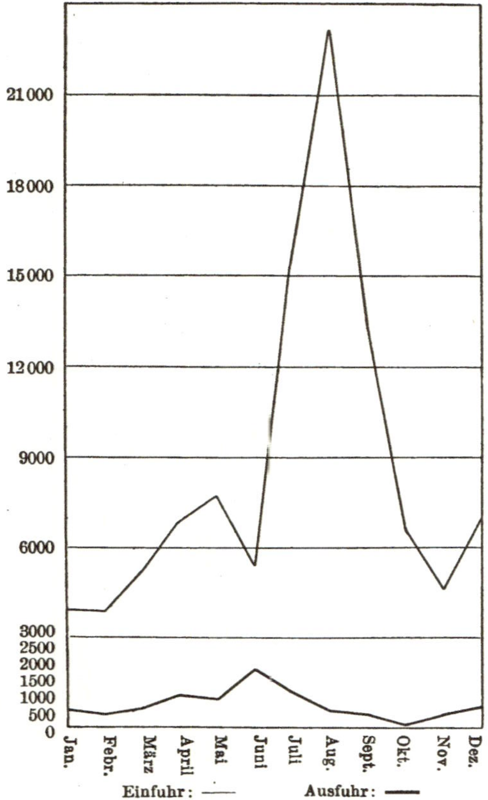

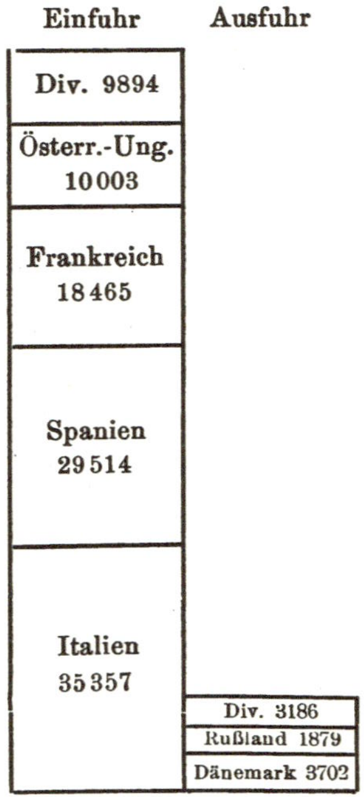

		Einfuhr: dz	Ausfuhr: dz
1.	Jan.	3903	526
2.	Febr.	3849	416
3.	März	5261	589
4.	April	6855	1047
5.	Mai	7695	853
6.	Juni	5431	1933
7.	Juli	15310	1181
8.	Aug.	23130	523
9.	Sept.	13472	453
10.	Okt.	6668	156
11.	Nov.	4684	424
12.	Dez.	6975	666
	insges.	103233 dz	8767 dz
		+ 94466 dz	

Tafel 6.

Einfuhr und Ausfuhr
von Blumenkohl, Eierfrüchten, Bamien, Brüsseler Zichorie im Jahre 1910.

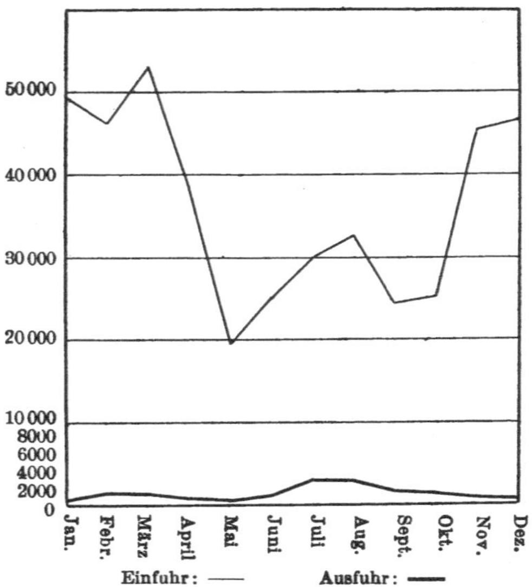

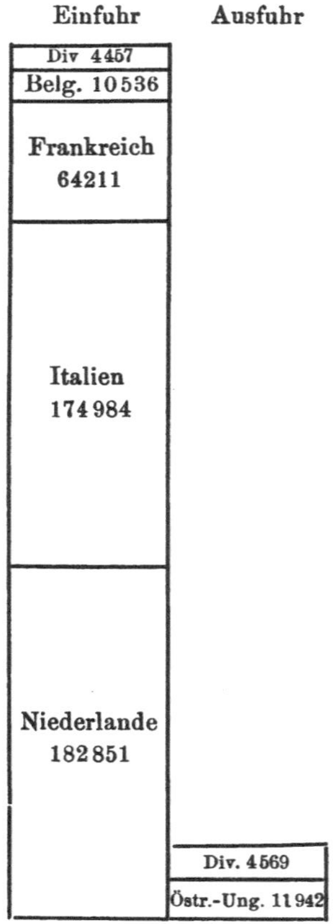

		Einfuhr: dz	Ausfuhr: dz
1.	Jan.	49551	714
2.	Febr.	46394	1544
3.	März	53064	1449
4.	April	38321	749
5.	Mai	19631	384
6.	Juni	25187	1122
7.	Juli	30065	3086
8.	Aug.	32836	2820
9.	Sept.	24227	1720
10.	Okt.	25263	1445
11.	Nov.	45501	851
12.	Dez.	46819	627
	insges.	436859 dz	16511 dz

+ 420348 dz

Einfuhr und Ausfuhr von Zwiebeln im Jahre 1910.

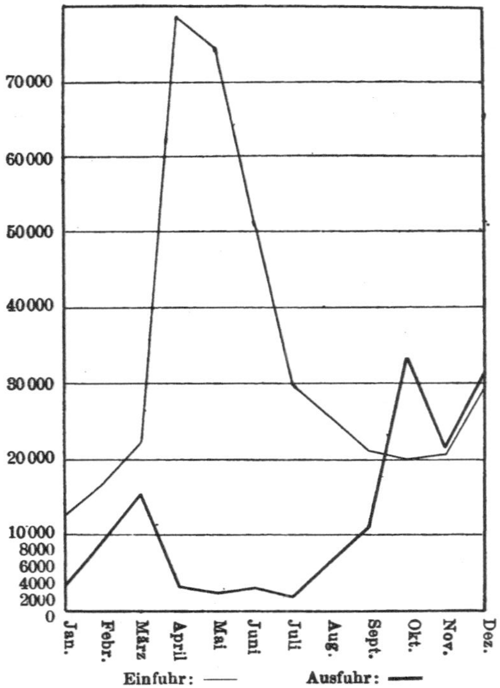

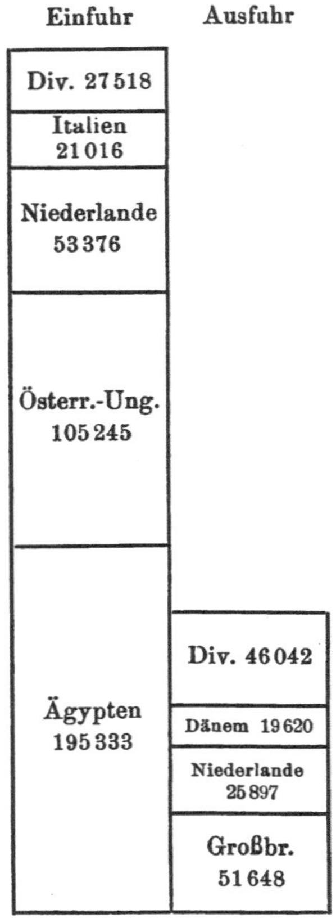

	Einfuhr: dz	Ausfuhr: dz
1. Jan.	12 733	3 677
2. Febr.	17 087	9 511
3. März	22 304	15 209
4. April	78 434	3 139
5. Mai	74 210	2 489
6. Juni	51 025	3 112
7. Juli	29 797	1 980
8. Aug.	25 754	6 667
9. Sept.	21 040	11 062
10. Okt.	20 115	33 688
11. Nov.	20 722	21 610
12. Dez.	29 267	30 938
insges.	402 488 dz	143 207 dz
	+ 259 281 dz	

Tafel 8.

Einfuhr und Ausfuhr von Bohnen und Erbsen im Jahre 1910.

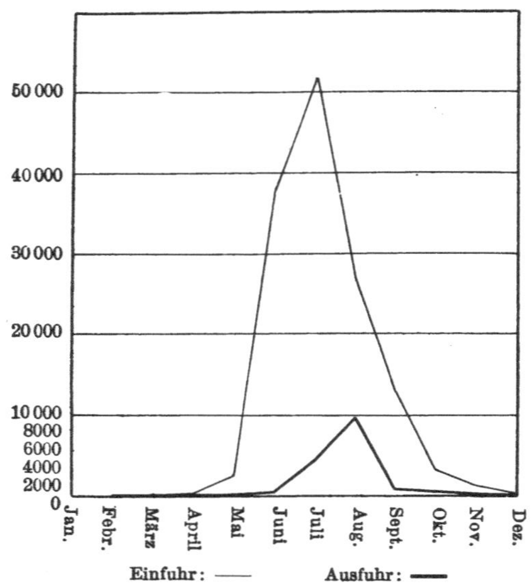

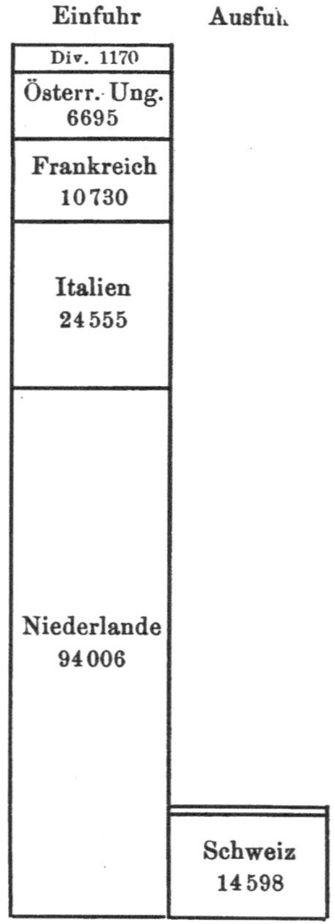

	Einfuhr: dz	Ausfuhr: dz
1. Jan.	72	2
2. Febr.	64	23
3. März	121	9
4. April	291	11
5. Mai	2599	9
6. Juni	37505	258
7. Juli	51984	4176
8. Aug.	26912	9734
9. Sept.	12899	827
10. Okt.	3219	321
11. Nov.	1301	15
12. Dez.	189	3
insges.	137156 dz	15388 dz
	+ 111768 dz	

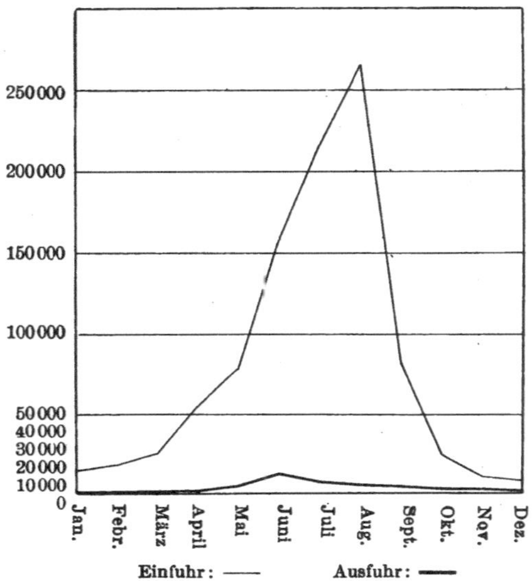

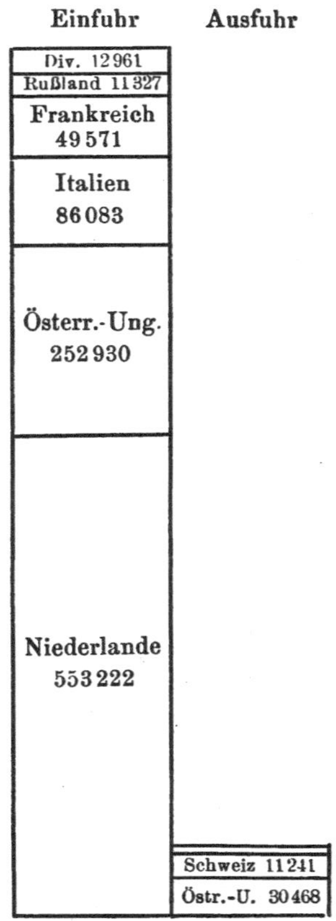

Einfuhr und Ausfuhr von Rhabarber, Gurken, Karotten, Salat, Spinat, Schwarzwurzeln im Jahre 1910.

	Einfuhr: dz	Ausfuhr: dz
1. Jan.	15644	837
2. Febr.	18078	865
3. März	26093	899
4. April	55425	1345
5. Mai	79665	5307
6. Juni	158590	13916
7. Juli	216526	7276
8. Aug.	266776	5150
9. Sept.	82391	2502
10. Okt.	26162	2219
11. Nov.	10866	2167
12. Dez.	9878	1108
insges.	966094 dz	43591 dz

+ 922503 dz

Tafel 10.

Einfuhr und Ausfuhr von Meerrettich im Jahre 1910.

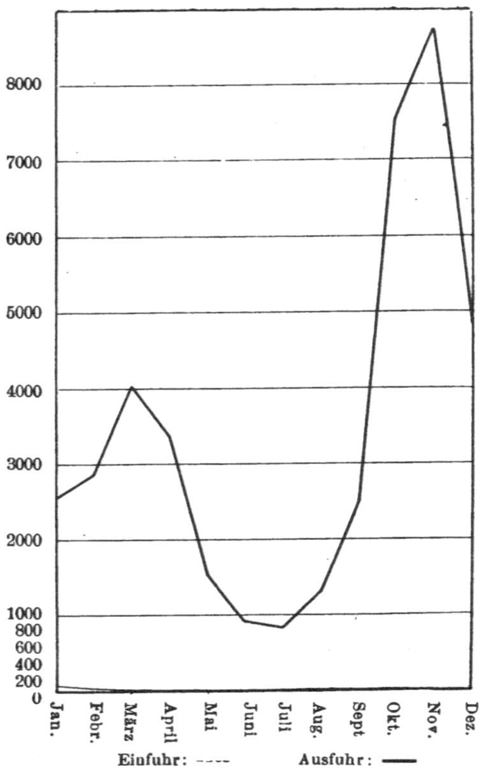

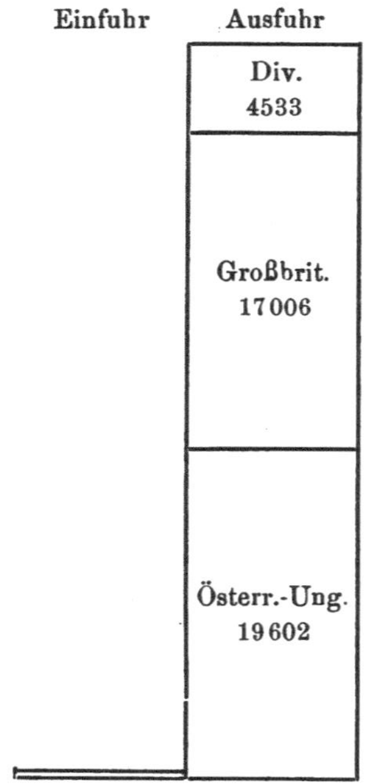

	Einfuhr: dz	Ausfuhr: dz
1. Jan.	85	2580
2. Febr.	29	2887
3. März	15	4034
4. April	12	3390
5. Mai	4	1520
6. Juni	7	912
7. Juli	8	816
8. Aug.	5	1307
9. Sept.	2	2547
10. Okt.	27	7587
11. Nov.	19	8745
12. Dez.	20	4816
insges.	233 dz	41 141 dz
		+ 40 908 dz

Tafel 11.

Einfuhr und **Ausfuhr**
von Knoblauch, Kohlrabi, Lauch,
Petersilie, Rettichen, Sellerie usw.
im Jahre 1910.

	Einfuhr: dz	Ausfuhr: dz
1. Jan.	11462	850
2. Febr.	12671	928
3. März	12695	1171
4. April	16750	1091
5. Mai	8216	1349
6. Juni	7741	2259
7. Juli	8307	2355
8. Aug.	6522	1733
9. Sept.	8355	1313
10. Okt.	15524	3160
11. Nov.	16025	3539
12. Dez.	10087	3531
insges.	134355 dz	23259 dz

+ 111096 dz

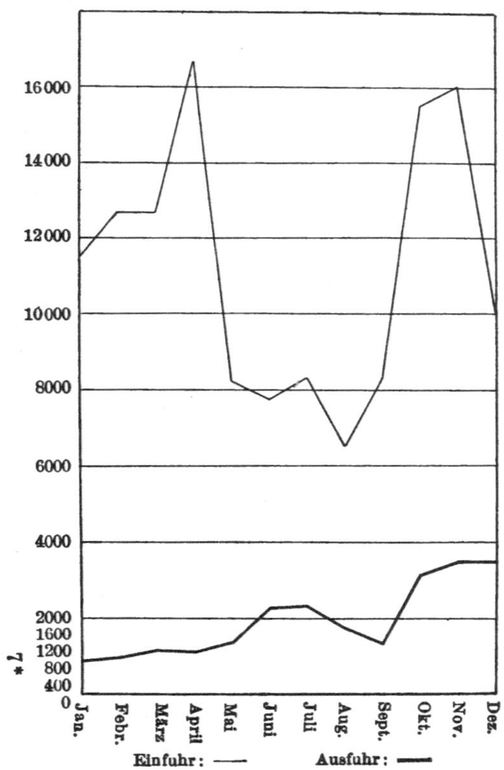

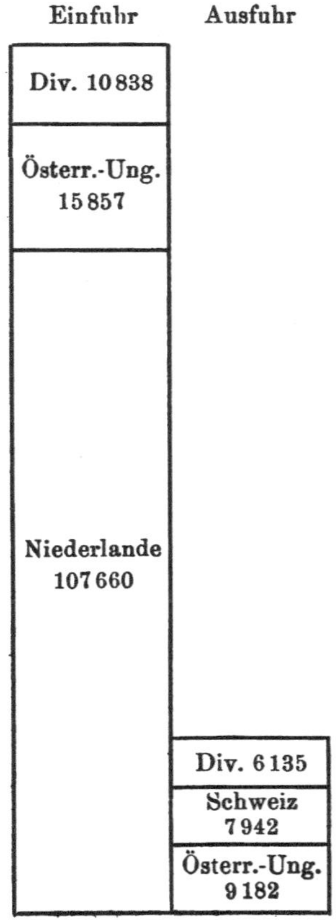

Tafel 12.

Einfuhr und Ausfuhr
von Artischocken, Melonen, Pilzen, Rhabarber, Spargel, Tomaten, zerkleinert usw., im Jahre 1910.

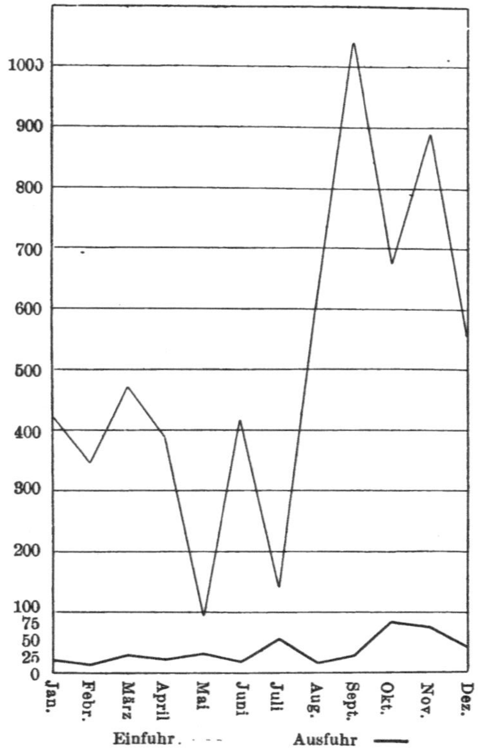

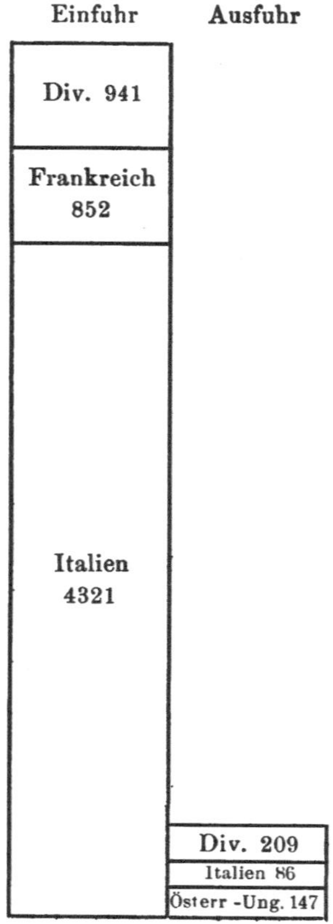

	Einfuhr: dz	Ausfuhr: dz
1. Jan.	424	22
2. Febr.	346	16
3. März	473	28
4. April	387	23
5. Mai	91	30
6. Juni	416	22
7. Juli	139	57
8. Aug.	606	20
9. Sept.	1044	28
10. Okt.	673	81
11. Nov.	876	75
12. Dez.	559	40
insges.	6114 dz	442 dz
	+ 5672 dz	

Tafel 13.

Ausfuhr
von Küchengewächsen, a. n. g.,
Sämereien zum Genusse, Eierfrüchte,
Bamien, zerkleinert usw.
im Jahre 1910.

	Ausfuhr: dz
1. Jan.	1 955
2. Febr.	1 962
3. März	1 316
4. April	971
5. Mai	1 247
6. Juni	835
7. Juli	824
8. Aug.	1 158
9. Sept.	1 943
10. Okt.	4 817
11. Nov.	3 531
12. Dez.	4 043
insges.	24 602 dz

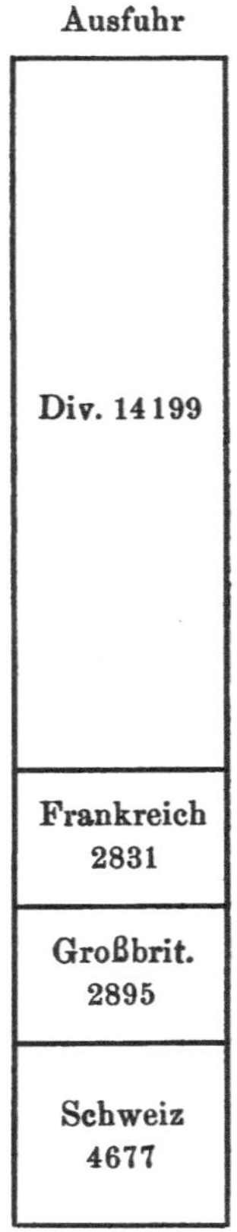

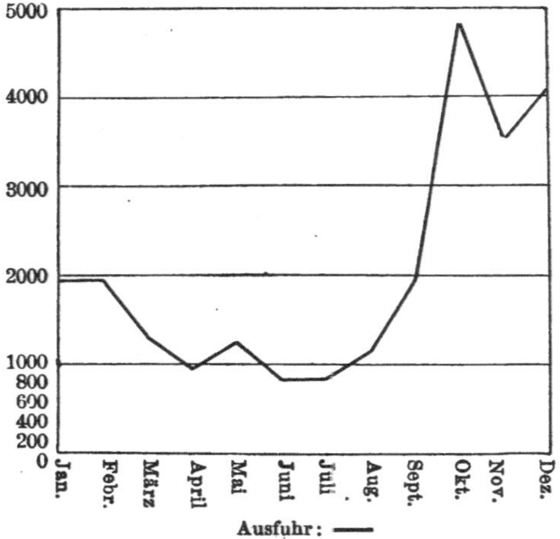

Tafel 14.

Die deutsche **Einfuhr** von lebenden Pflanzen in den Jahren 1895, 1900, 1905 und 1910, graphisch dargestellt nach der Einfuhrmenge, wie sie sich auf die einzelnen nach Deutschland importierenden Staaten verteilt.

Daneben die deutsche **Ausfuhr** in lebenden Pflanzen im Jahre 1910.

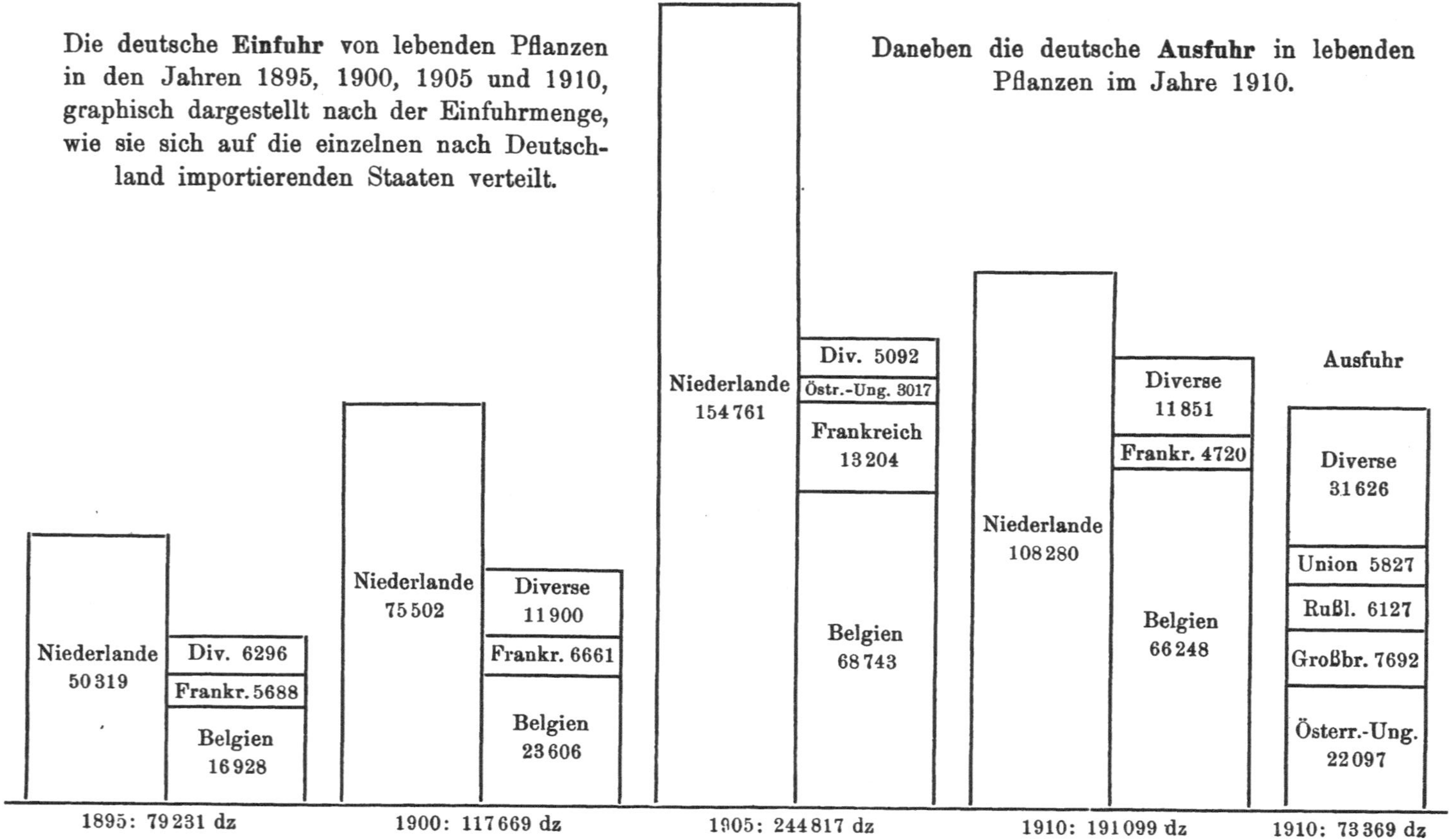

Tafel 15.

Die deutsche **Einfuhr** von lebenden Pflanzen graphisch dargestellt während der einzelnen Monate in den Jahren 1895, 1900, 1905 und 1910.

Daneben die deutsche **Ausfuhr** in diesen Artikeln im Jahre 1910.

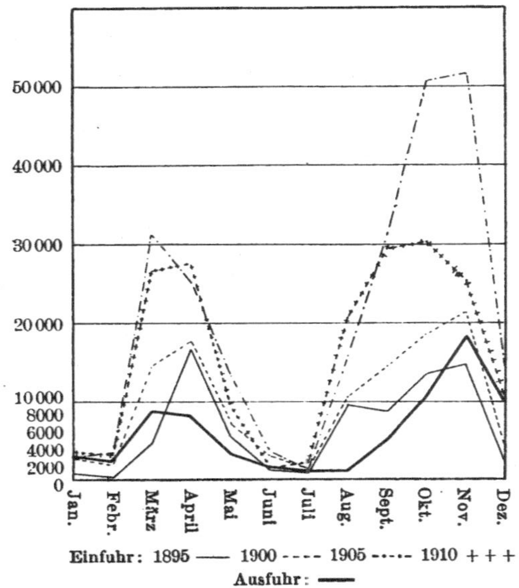

	1895	1900	1905	1910
1. Jan.	964 dz	2 618 dz	2 831 dz	3 848 dz
2. Febr.	177 „	1 983 „	3 582 „	3 207 „
3. März	4 566 „	14 514 „	31 033 „	26 650 „
4. April	16 504 „	17 707 „	25 267 „	27 867 „
5. Mai	5 655 „	7 445 „	13 497 „	9 660 „
6. Juni	1 379 „	3 091 „	3 525 „	1 829 „
7. Juli	862 „	1 188 „	1 154 „	2 034 „
8. Aug.	9 740 „	10 478 „	15 934 „	20 698 „
9. Sept.	8 757 „	14 383 „	31 453 „	28 922 „
10. Okt.	13 593 „	18 435 „	50 754 „	30 212 „
11. Nov.	14 629 „	21 656 „	51 602 „	25 497 „
12. Dez.	2 405 „	4 171 „	14 185 „	10 675 „
insges.	79 231 dz	117 669 dz	244 817 dz	191 099 dz

Ausfuhr: 1910

1. Jan.	2 995 dz
2. Febr.	2 550 „
3. März	8 819 „
4. April	8 092 „
5. Mai	3 355 „
6. Juni	1 513 „
7. Juli	1 074 „
8. Aug.	1 130 „
9. Sept.	5 079 „
10. Okt.	10 716 „
11. Nov.	18 021 „
12. Dez.	10 025 „
insges.	73 369 dz

Tafel 16.

Einfuhr und Ausfuhr
von Palmen, indischen Azaleen und Lorbeerbäumen im Jahre 1910.

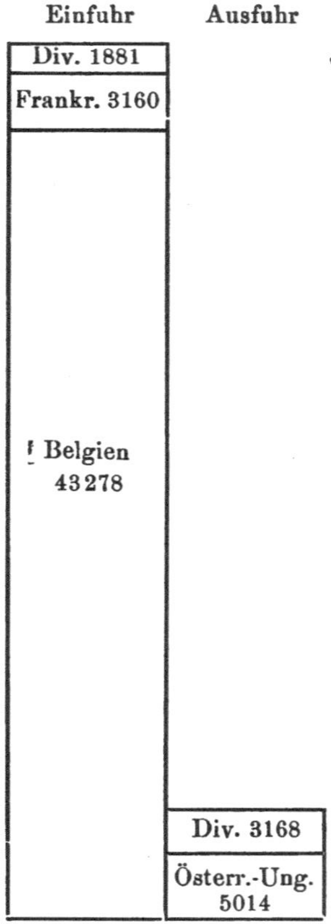

		Einfuhr: dz	Ausfuhr: dz
1.	Jan.	103	68
2.	Febr.	355	76
3.	März	2 146	499
4.	April	10 729	528
5.	Mai	5 841	603
6.	Juni	774	388
7.	Juli	783	139
8.	Aug.	2 913	380
9.	Sept.	11 769	2055
10.	Okt.	11 066	2633
11.	Nov.	1 550	596
12.	Dez.	290	217
	insges.	48 319 dz	8182 dz

+ 40 137 dz

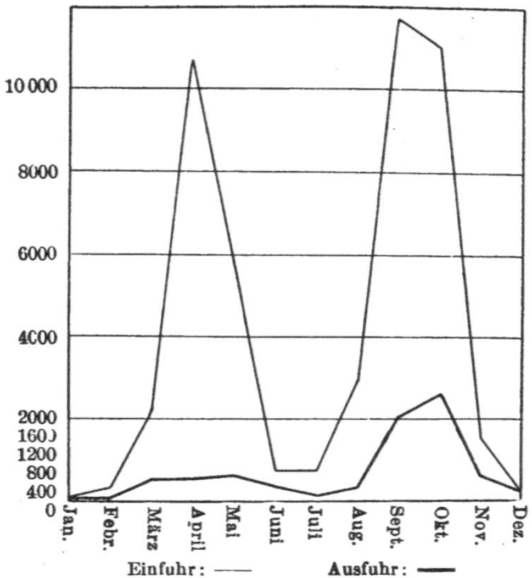

Tafel 17.

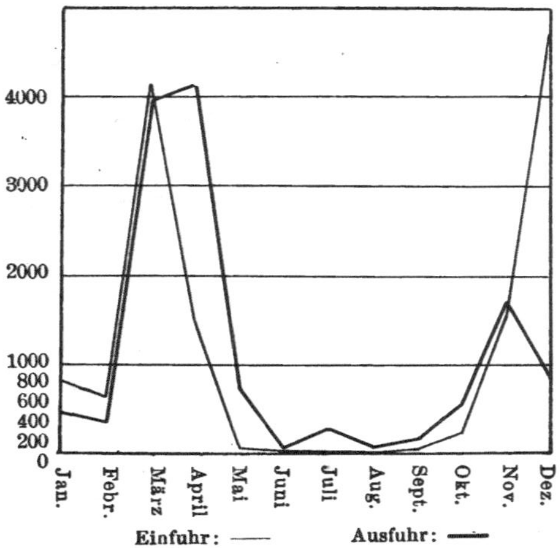

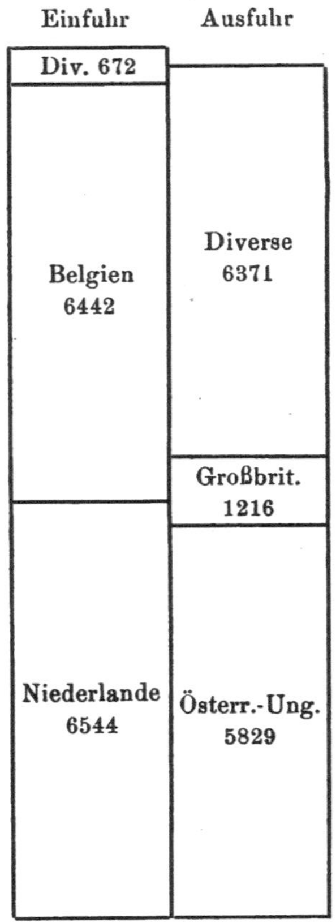

Einfuhr und Ausfuhr
von Forstpflanzen im Jahre 1910.

	Einfuhr: dz	Ausfuhr: dz.
1. Jan.	804	466
2. Febr.	620	388
3. März	4192	3969
4. April	1483	4147
5. Mai	58	737
6. Juni	8	50
7. Juli	12	262
8. Aug.	1	50
9. Sept.	46	187
10. Okt.	222	541
11. Nov.	1586	1716
12. Dez.	4626	903
insges.	13 658 dz	13 416 dz
	+ 242 dz	

Einfuhr und Ausfuhr
von Pflanzen in Töpfen (mit Ausnahme von den in Tafel 16 genannten)
im Jahre 1910.

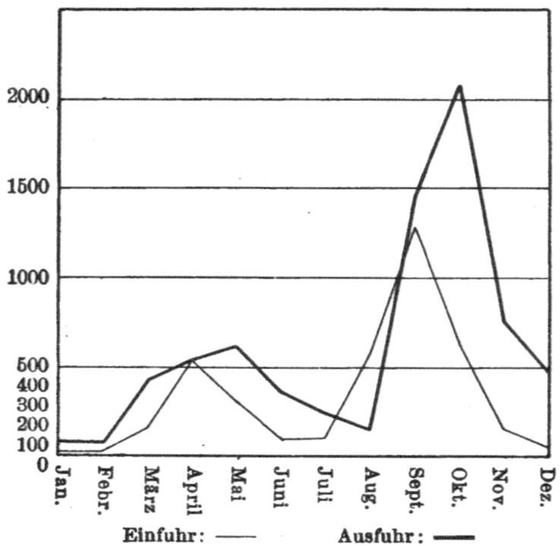

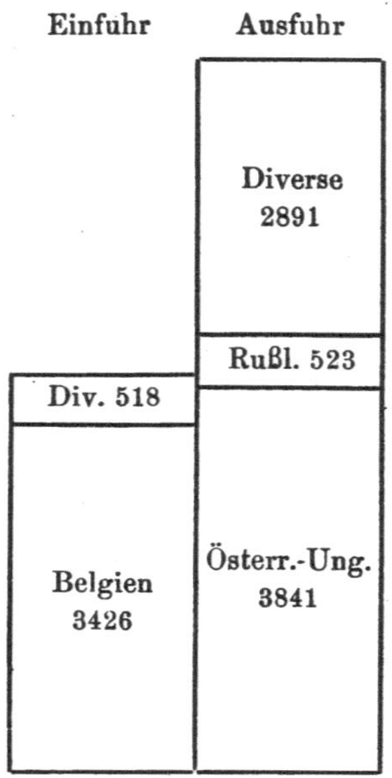

	Einfuhr: dz	Ausfuhr: dz
1. Jan.	23	84
2. Febr.	24	76
3. März	169	421
4. April	537	536
5. Mai	300	622
6. Juni	95	364
7. Juli	103	235
8. Aug.	570	143
9. Sept.	1284	1454
10. Okt.	633	2073
11. Nov.	158	766
12. Dez.	48	481
insges.	3944 dz	7255 dz
		+ 3311 dz

Einfuhr und Ausfuhr
von Obstbäumen, -sträuchern, Beerenobststräuchern
und -stämmen ohne Erdballen
im Jahre 1910.

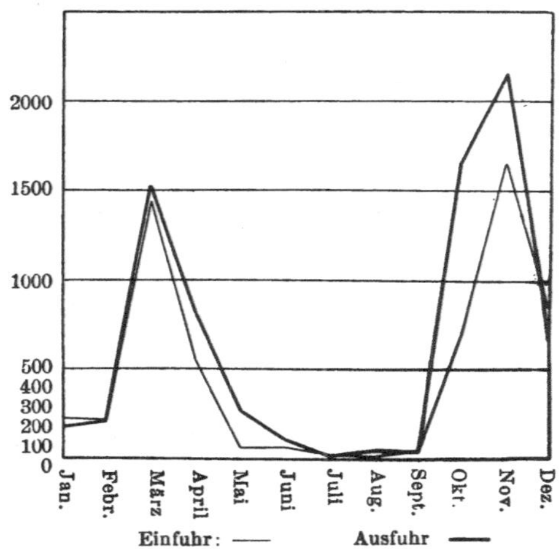

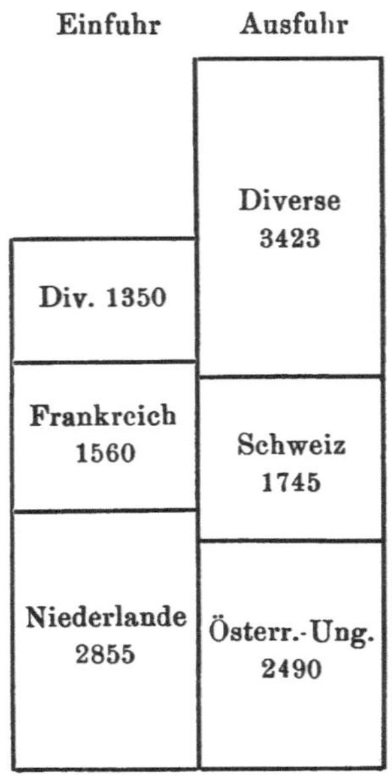

	Einfuhr: dz	Ausfuhr: dz
1. Jan.	226	181
2. Febr.	208	205
3. März	1437	1513
4. April	545	815
5. Mai	57	266
6. Juni	67	102
7. Juli	18	13
8. Aug.	10	37
9. Sept.	46	35
10. Okt.	693	1661
11. Nov.	1658	2153
12. Dez.	846	677
insges.	5765 dz	7658 dz
		+ 1893 dz

Einfuhr und **Ausfuhr** von Allee-, Park- und Zierbäumen, Ziersträuchern usw. ohne Erdballen im Jahre 1910.

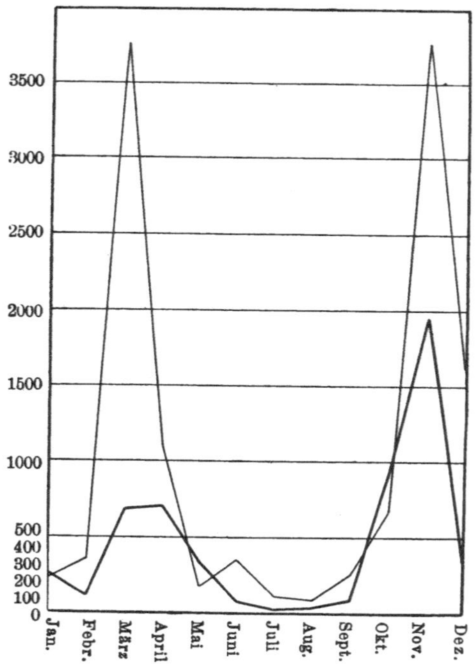

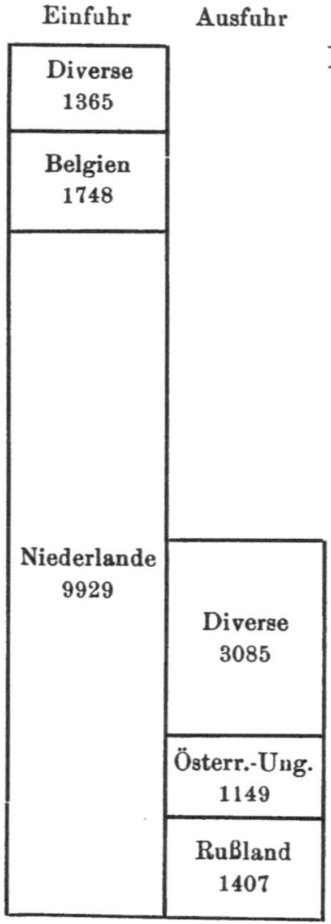

	Einfuhr: dz	Ausfuhr: dz
1. Jan.	235	276
2. Febr.	354	119
3. März	3784	690
4. April	1097	701
5. Mai	173	344
6. Juni	361	85
7. Juli	113	28
8. Aug.	94	37
9. Sept.	249	88
10. Okt.	1168	919
11. Nov.	3794	1955
12. Dez.	1620	399
insges.	13 042 dz	5641 dz

+ 7401 dz

Tafel 21.

Einfuhr und Ausfuhr
von Rosen (Stämmen usw.) im Jahre 1910.

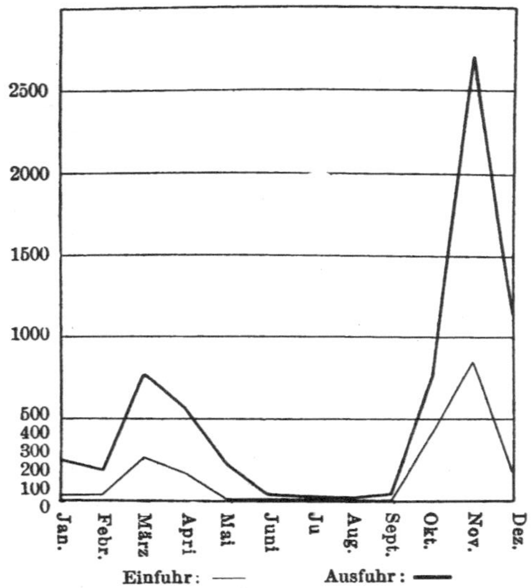

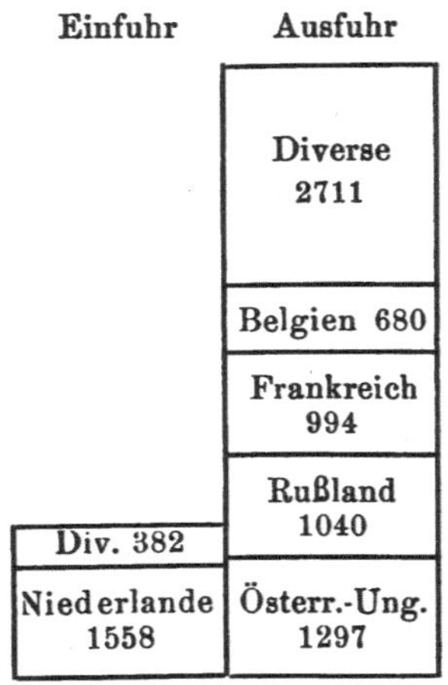

	Einfuhr: dz	Ausfuhr dz
1. Jan.	29	245
2. Febr.	32	196
3. März	261	779
4. April	168	567
5. Mai	6	216
6. Juni	6	28
7. Juli	3	15
8. Aug.	—	13
9. Sept.	2	45
10. Okt.	401	745
11. Nov.	853	2697
12. Dez.	179	1176
insges.	1940 dz	6722 dz
		+ 4782 dz

Tafel 22.

Einfuhr und **Ausfuhr** von anderen Pflanzen und Pfropfreisern im Jahre 1910.

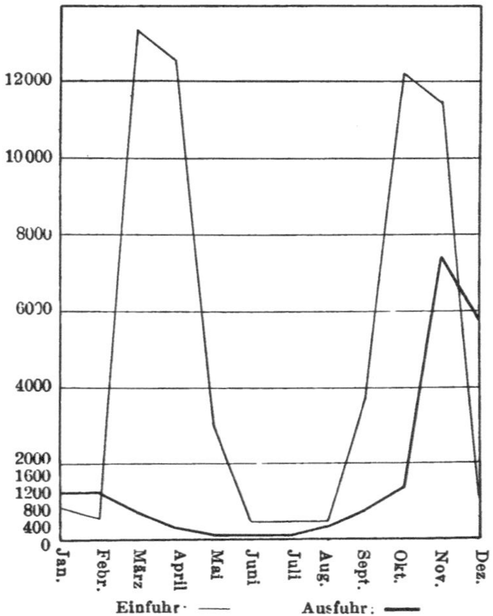

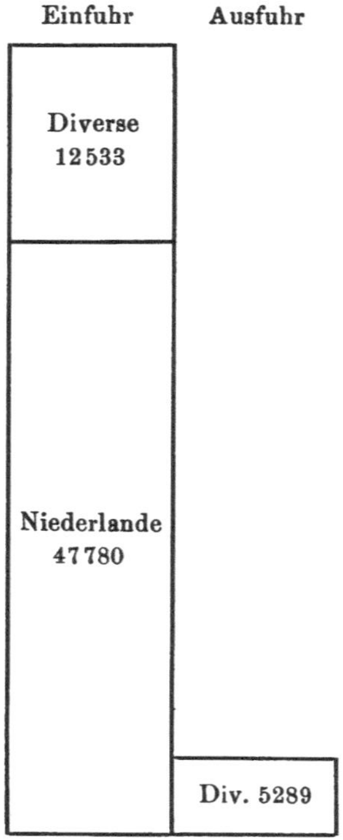

	Einfuhr: dz	Ausfuhr: dz
1. Jan.	854	456
2. Febr.	548	245
3. März	13372	231
4. April	12574	465
5. Mai	3060	424
6. Juni	462	359
7. Juli	469	227
8. Aug.	458	136
9. Sept.	3687	456
10. Okt.	12288	1160
11. Nov.	11451	726
12. Dez.	1090	404
insges.	60313 dz	5289 dz
	+ 55024 dz	

Tafel 23.

Einfuhr und Ausfuhr von Blumenzwiebeln, -knollen und -bulben im Jahre 1910.

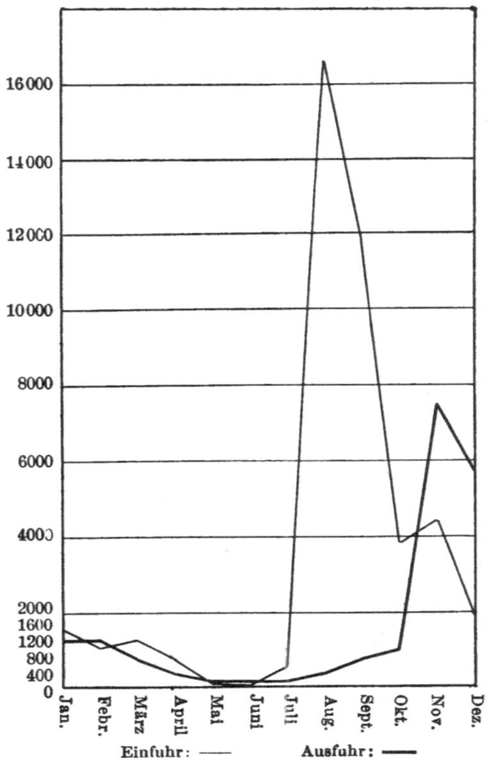

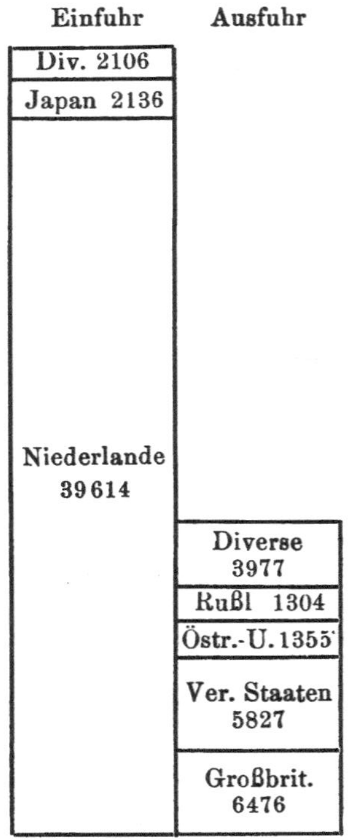

	Einfuhr: dz	Ausfuhr: dz
1. Jan.	1564	1215
2. Febr.	1062	1224
3. März	1280	696
4. April	696	296
5. Mai	63	114
6. Juni	16	114
7. Juli	523	122
8. Aug.	16648	317
9. Sept.	11829	751
10. Okt.	3796	963
11. Nov.	4438	7389
12. Dez.	1968	5738
insges.	43856 dz	18939 dz
	+ 24917 dz	

Die deutsche **Einfuhr** von lebenden Blumen, Blättern usw. zu Binde- und Zierzwecken in den Jahren 1895, 1900, 1905 und 1910, graphisch dargestellt nach der Einfuhrmenge, wie sie sich auf die einzelnen nach Deutschland importierenden Staaten verteilt.

Daneben die deutsche **Ausfuhr** in denselben Artikeln im Jahre 1910.

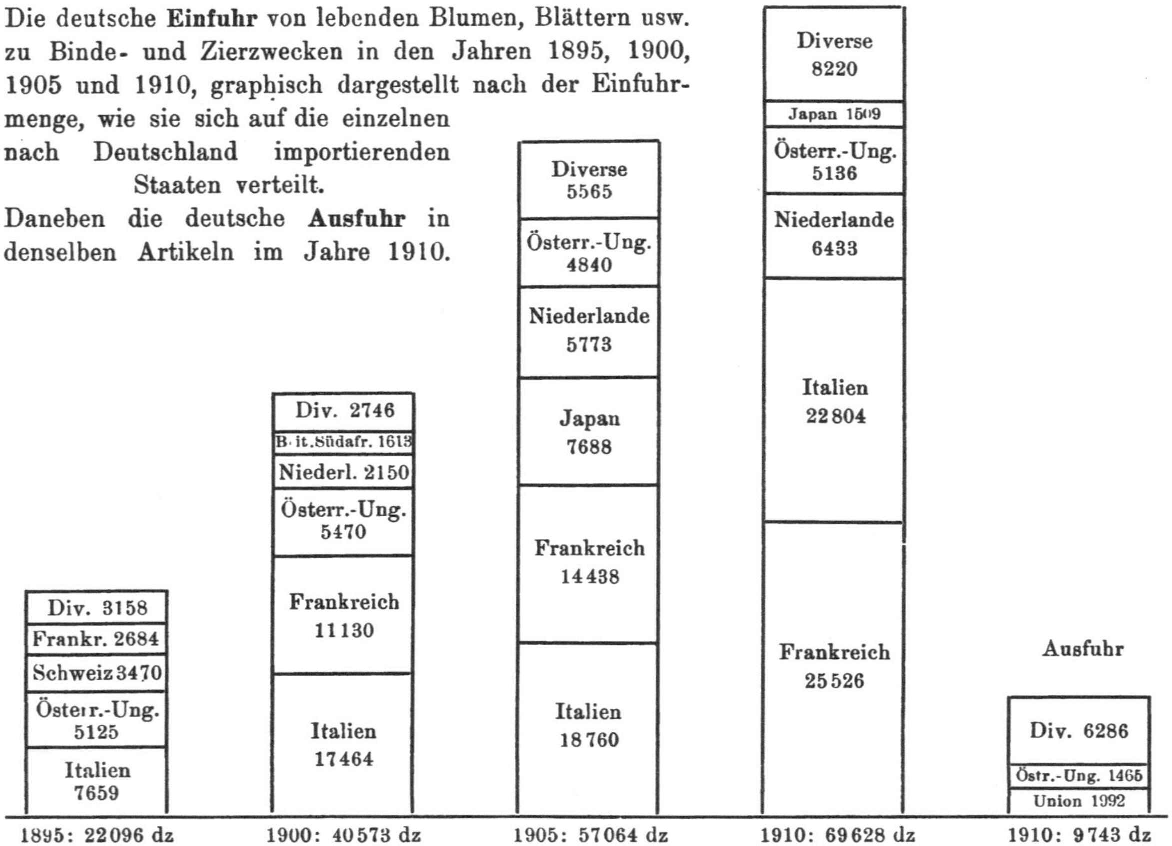

Die deutsche **Einfuhr** von lebenden Blumen, Blättern usw. zu Binde- und Zierzwecken, graphisch dargestellt während der einzelnen Monate in den Jahren 1895, 1900, 1905 und 1910.

Daneben die deutsche **Ausfuhr** in diesen Artikeln im Jahre 1910.

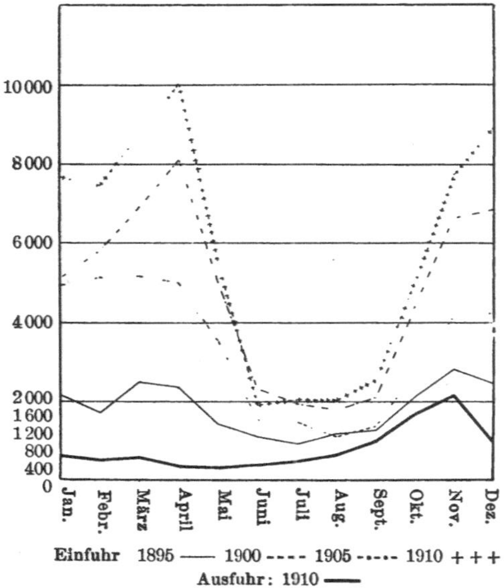

	1895	1900	1905	1910
1. Jan.	2148 dz	4953 dz	5144 dz	7649 dz
2. Febr.	1736 „	5150 „	5793 „	7469 „
3. März	2487 „	5190 „	6918 „	8759 „
4. April	2362 „	5009 „	8078 „	10001 „
5. Mai	1399 „	3529 „	4971 „	5474 „
6. Juni	1109 „	1566 „	2369 „	1940 „
7. Juli	968 „	1486 „	1965 „	2067 „
8. Aug.	1200 „	1164 „	1798 „	2014 „
9. Sept.	1248 „	1370 „	2171 „	2562 „
10. Okt.	2164 „	2740 „	4421 „	5054 „
11. Nov.	2792 „	4193 „	6625 „	7748 „
12. Dez.	2483 „	4223 „	6811 „	8891 „
insges.	22096 dz	40573 dz	57064 dz	69628 dz

Ausfuhr: 1910	
1. Jan.	615 dz
2. Febr.	518 „
3. März	589 „
4. April	380 „
5. Mai	365 „
6. Juni	401 „
7. Juli	479 „
8. Aug.	651 „
9. Sept.	953 „
10. Okt.	1620 „
11. Nov.	2109 „
12. Dez.	1063 „
insges.	9743 dz

Tafel 26.

Einfuhr und Ausfuhr
von Nelken, Orchideen, Rosen, Veilchen
im Jahre 1910.

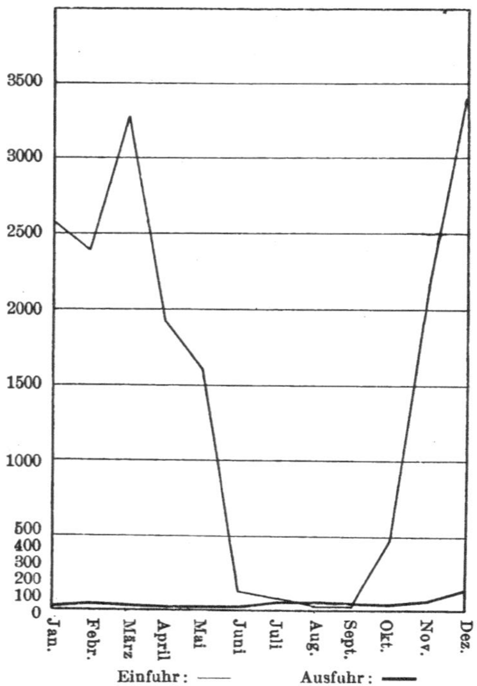

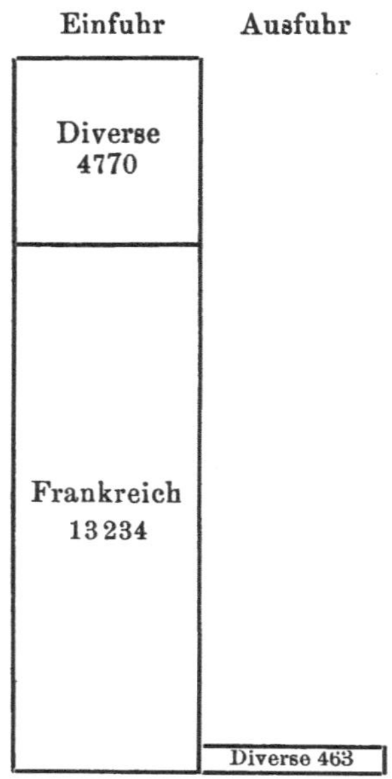

	Einfuhr: dz	Ausfuhr: dz
1. Jan.	2567	17
2. Febr.	2389	29
3. März	3271	23
4. April	1911	16
5. Mai	1609	19
6. Juni	112	14
7. Juli	90	50
8. Aug.	16	43
9. Sept.	14	29
10. Okt.	495	29
11. Nov.	2169	65
12. Dez.	3361	129
insges.	18004 dz	463 dz
	+ 17541 dz	

Tafel 27.

Einfuhr und Ausfuhr

von Flieder u. a. frischen Blumen, Blüten, Blütenblättern, Knospen zu Binde- oder Zierzwecken im Jahre 1910.

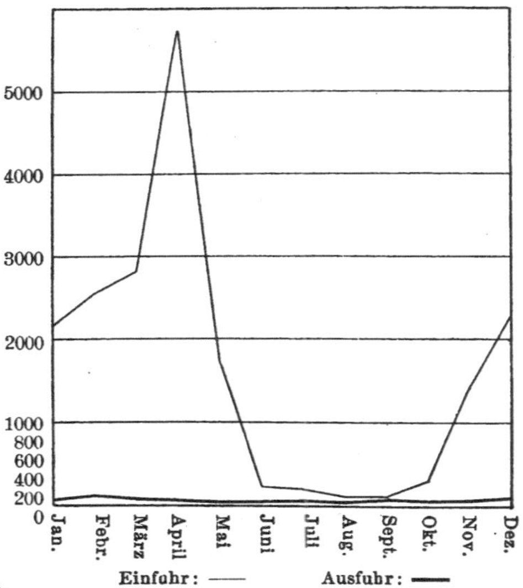

	Einfuhr: dz	Ausfuhr: dz
1. Jan.	2188	72
2. Febr.	2557	103
3. März	2812	79
4. April	5759	62
5. Mai	1708	36
6. Juni	216	34
7. Juli	198	45
8. Aug.	117	35
9. Sept.	102	75
10. Okt.	286	51
11. Nov.	1405	48
12. Dez.	2235	76
insges.	19583 dz	716 dz
	+ 18867 dz	

Tafel 28.

Einfuhr und Ausfuhr
von Bindegrün, Kränzen aus solchem usw.
im Jahre 1910.

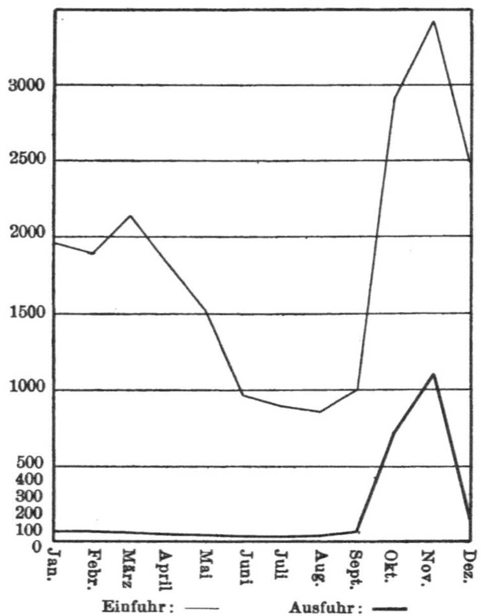

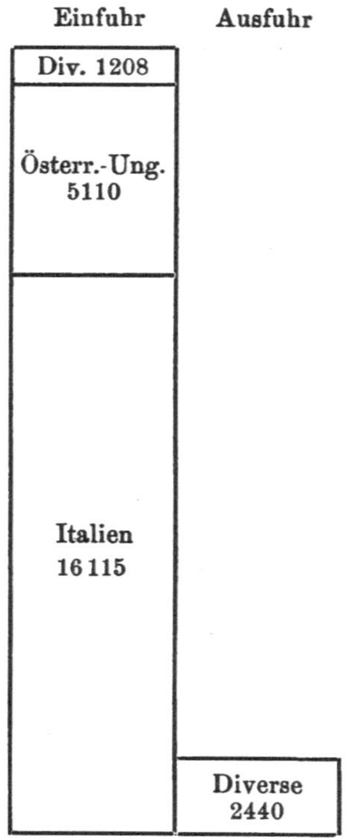

	Einfuhr dz	Ausfuhr dz
1. Jan.	1968	66
2. Febr.	1894	66
3. März	2140	58
4. April	1829	47
5. Mai	1531	42
6. Juni	976	28
7. Juli	894	25
8. Aug.	852	28
9. Sept.	1499	65
10. Okt.	2929	739
11. Nov.	3425	1104
12. Dez.	2496	172
insges.	22433 dz	2440 dz
	+ 19993 dz	

Einfuhr und Ausfuhr von Zykaswedeln und Kränzen hieraus im Jahre 1910.

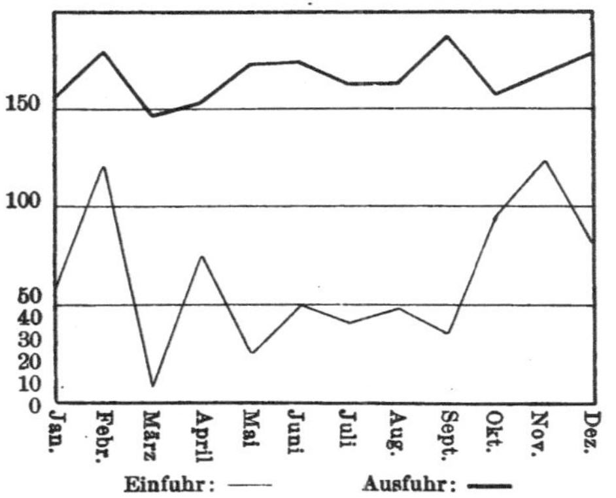

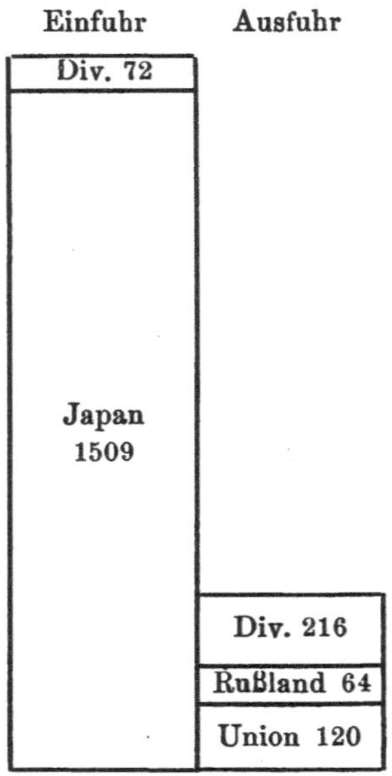

	Einfuhr: dz	Ausfuhr: dz
1. Jan.	118	22
2. Febr.	76	32
3. März	105	43
4. April	164	13
5. Mai	151	37
6. Juni	159	38
7. Juli	100	26
8. Aug.	174	28
9. Sept.	124	46
10. Okt.	192	54
11. Nov.	79	20
12. Dez.	139	41
insges.	1581 dz	400 dz
	+ 1181 dz	

Tafel 30.

Einfuhr und Ausfuhr
von Blumen, Blättern usw. zu Binde- oder Zierzwecken, getrocknet, getränkt usw. im Jahre 1910.

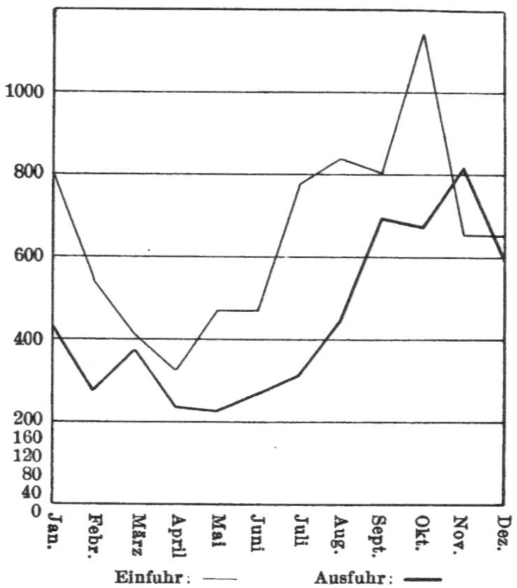

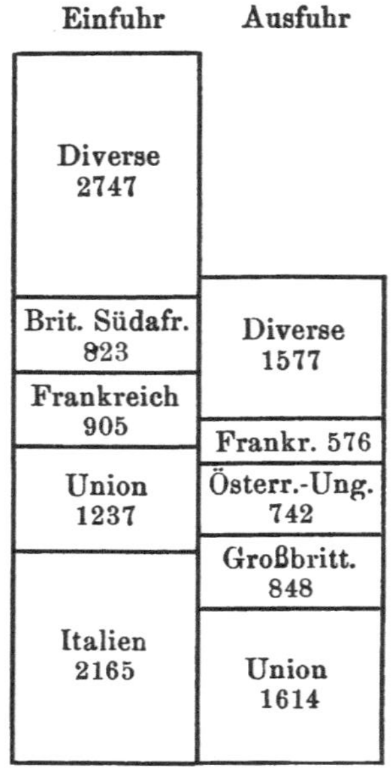

	Einfuhr: dz	Ausfuhr: dz
1. Jan.	792	428
2. Febr.	538	277
3. März	414	373
4. April	329	238
5. Mai	470	226
6. Juni	472	267
7. Juli	778	311
8. Aug.	835	455
9. Sept.	806	697
10. Okt.	1140	674
11. Nov.	653	812
12. Dez.	650	599
insges.	7877 dz	5357 dz
	+ 2520 dz	

Metzger & Wittig, Leipzig.

www.ingramcontent.com/pod-product-compliance
Lightning Source LLC
LaVergne TN
LVHW042246300926
849161LV00003B/486